グローバル化と
インクルーシブ教育

通常学級に在籍する発達障害児にも
対応した学校・学級経営

安藤正紀 編著 Masaki Ando

Globalization
and Inclusive
Education

北大路書房

はしがき

　文部科学省が平成24（2012）年12月に公表した全国調査の結果によると，通常の学級で，学習面又は行動面で著しい困難を示すとされた児童生徒の割合は6.5％でした。そして，この児童生徒たちを対象とした特別支援教育は平成19（2007）年から正式にスタートしました。

　まず，世界的動向で重要なのは，平成6（1994）年，ユネスコの「特別なニーズ教育に関する世界会議」における「サラマンカ宣言」で，すべての子どもは教育的ニーズをもっており，すべての子どもたちを包括するような教育を目指すことが提起されました。また，平成13（2001）年には，世界保健機構（WHO）で国際障害分類（ICIDH）が国際生活機能分類（ICF）に改定され，従来の医療モデルから，「健康状態」「活動」「社会参加」「環境因子」などの相互作用で障害状況を把握する社会モデルに変わり，インクルーシブな方向へとさらに進みました。

　筆者は，平成15（2003）年からスタートした「かながわの支援教育」の推進担当として神奈川県教育委員会に勤務していましたが，平成17（2005）年にはインクルーシブ教育推進の象徴として，義務教育課と障害児教育課が統合され，「子ども教育支援課」となりました。ここで進められた施策は，通常の学級に在籍する配慮が必要な子どもたちのための体制整備で，子どもたちの支援に必要な具体的な5つのシステム（コーディネーターの養成と配置，チームアプローチの推進，ケース会議の推進と研究，個別の支援計画，巡回相談の実施）が構築されました。ここでも，神奈川県は「養護学校等の地域センター機能」の研究を平成10（1998）年から全国に先がけて始め，専門性の高い他職種（心理職等）や特別支援教育の知見等の活用を推進して，通常の小中学校を支援しました。

　平成10年代（2000年頃）の日本の学校現場は，「小1プロブレム」「学力向上」「いじめ」など課題を抱えていたのですが，筆者が訪問した200校近い小・中・高等学校の先生方は「障害のあるなしにかかわらず，一人ひとりを大切にしたい」「すべての子に勉強がわかるようになってほしい」との思いから，少人数・習熟度・プリント・放課後対応，等のさまざまな工夫を実践されていました。特に，学力向上の研究はすべての子どもにとって有益な実践で，それを基盤として，特別支援教育コーディネーター（神奈川では教育相談コーディネーター）の

活躍とケース会議の実施，特別支援学校等の地域支援センター機能による巡回相談の活用により，発達障害児への理解が進み，子どもの困り感*への気づき（早期発見）と対応が飛躍的に進みました。

　そして，個別対応の必要性が高まり，その効果も認識され，個別対応場面が増大しました。教師，保護者の間でも「やっぱり，分けて個別的に対応したほうがいいよね」という意見が散見されるようになりました。さらには，手厚い指導が必要という保護者の思いから，特別支援学級への入級や特別支援学校中・高等部への入学が急増しました。

　このような推移を目の当たりにし，インクルーシブな教育を目指して，通常の学級の担当の先生方と人的配置がない状況でも工夫してやってきたことが，思いがけず，新たな障害児としての対応枠をつくってしまったような状況に陥ったのかと，悩みました。

　そして，このような経験が，本書執筆の契機となりました。発達障害児の教育は，通常の教育の枠組みの中で行うという原点（文部科学省「21世紀の特殊教育のあり方について（最終報告）平成13年1月」）に戻ること，障害のあるなしにかかわらず目指すべき子どもの将来像は同じであることをもう一度確認する必要があります。筆者が，支援教育の推進担当として体制整備に着手し始めたころより，学校だけではなく，日本社会の多様化と共生化は加速度的に進展しています。

　やがて，現在の教育課題である「グローバル化」「キャリア教育」「21世紀型スキル」の中にこそ障害のあるなしに左右されない目指すべき子どもの将来像をつくる教育の本質があるということに思い至りました。社会的弱者を寛容に包み込み，インクルーシブ社会を実現するための「多様性」と「共存」，弱者に対する社会保障というシステムに代わり，すべての人が仕事をとおして自分の貢献を意識し肯定するための「社会参加」と「職業教育」，すべての人がお互いに不得意を補い，得意を活かすための「グループワーク」と「ICT」，実存する人間であるための「行うことによって学ぶこと」等がこれからの社会の有り様につながります。

　第1部では，現状から課題を整理し理論づけること，第2部ではその実践をまとめました。

　第1部の第1章では，教師の専門性を認知心理学の視点からもう一度問い直すこととしました。第2章は学校生活よりはるかに長い職業生活について考え，第

3章は学校の存在意義を集団と体験というキーワードからとらえてみました。そして，教師の一番の専門性である教育課程づくりの提案をします。第4章では，支援を必要とする子どもたちに対するインクルーシブ教育に向けた5つのシステムについて提案します。

　第2部の第5章から第7章は実践事例です。特に第7章は，すべてを受けて，最新の通常学級での発達障害児への対応システムについて述べます。

　多様性を認め，共存していく地域社会を希求する，グローバル化とインクルーシブ教育を根幹に据えた学校経営に役立てていただけることを願って編集しています。

　2019年11月

編者　安藤正紀

＊「困り感」は学研の登録商標である

v

目　次

はしがき　i

第1部　見落としていること

第1章　教師の仕事は多様な学び方の支援　2

1節　はじめに　2

2節　子どもたちはどのように外界の情報をキャッチしているか　2

　1.「感覚・知覚・認知」とは　3
　2. 視覚情報と聴覚情報の特徴　4
　3.「聞く」「読む」「覚える」「思い出す」「話す」「書く」ときの子どもの特徴を知り，得
　　意を伸ばし，不得意を支援　5
　4. 継次処理的指導方法と同時処理的指導方法　6
　5. 符号の置き換え（脳内の情報処理）　7

3節　多様な学び方とICT　8

　1. 長所活用型指導　8
　2. 自分に適した学習方法とメタ認知　9
　3. 認知心理学の知見　10
　4. 学びのUDLガイドライン　12
　5. 学習に困難を抱える子どものためのAT　17

4節　章のまとめ　18

第2章　もっと職業教育を　19

1節　ユネスコ「21世紀国際委員会」報告　19

2節　「キャリア教育」と「地域若者サポートステーション」,「ジョブコーチ」　20

3節　大人になるために必要な「ソーシャルスキル」「シチズンシップ」そ
　　して「ライフスキル」　23

　1. ソーシャルスキル　23
　2. シチズンシップ　24
　3. 5組（10種類）のスキル　25

第3章　教師の専門性は教育課程づくり　26

1節　はじめに　26

2節　「21世紀型スキル」から教育課程の基本を考える　26

vi 目 次

    1. 学び方の学習とメタ認知，ICT・情報リテラシー　27
    2. 働く方法（小グループでの問題解決）　28

3節 「問題解決型学習」，「アクティブラーニング」と「ユニバーサルデザイン」　28

    1.「問題解決型学習」をどのように指導するのか　28
    2. アクティブラーニング　29
    3. 授業のユニバーサルデザイン　30

4節 教育課程の構造化と多様化　31

    1. 学習指導要領はコンテンツからコンピテンシーへ　32
    2. 通常教育のカリキュラムに　33

第4章 インクルーシブ教育に向けた学校の5つのシステム　36

1節 小中高での子どもの成長にともなう，目標，支援方法と内容の違い　36
2節 学校の5つのシステム　38

    1. コーディネーターの役割　39
    2. チームアプローチ　40
    3. ケース会　40
    4. 個別の支援計画（合理的配慮）　41
    5. 巡回相談　42

3節 基本的な心理教育援助サービス　43
4節 チーム学校　45
5節 スクールソーシャルワーカーの取り組み　46

    1. スクールソーシャルワーカーの職務内容と大切にすべき視点　46
    2. スクールソーシャルワーカー事業の展開と現状　47
    3. インクルーシブ教育の現状と課題　49
    4. エコロジカル視点の必要性　50
    5. 社会資源に関する理解　51
    6. チーム体制の構築・支援　52
    7. ソーシャルワークの目指すもの　53

第2部 インクルーシブ教育に向かう実践事例

第5章 教師の仕事は多様な学び方の支援―実践を通して―　56

実践事例5-1 運動との幸福な出合いが生きる力を育む　57

    1 インクルーシブ社会のファーストステップ　57

目　次　vii

　　2　お手本は「動機づけ－意欲づけ－共感」の順で　57
　　3　運動との幸福な出合いの場をつくる　58
　　4　交流するということ　60
　　5　指導は褒め言葉の種まき　61

実践事例 5-2　小学校の ICT　62

　　1　はじめに　62
　　2　コンピュータ操作などの知識・技能の習得と情報モラルの学習　62
　　3　さまざまな事象を言葉でとらえ，理解し，表現する力を育む　68

実践事例 5-3　メタ認知スキルを生かした読み書き学習(一人ひとりの学び方)　73

　　1　「学べているか？」という視点をもつ　73
　　2　読み書き学習と読み書き困難　74
　　3　読み書き困難のアセスメント　74
　　4　読みの学習はどのように進むのか　77
　　5　メタ認知の働きは読みのプロセスにどう関わるのか　78
　　6　メタ認知スキルを生かした読み書き学習　79

実践事例 5-4　メタ認知スキルを生かした数学学習(一人ひとりの学び方)　86

　　1　算数・数学教育研究に不足しているもの　86
　　2　中学校での学習が可能な条件を逆算する　87
　　3　数学の学習とメタ認知の関わり　88

実践事例 5-5　特別支援学校の ICT 活用　91

　　1　新学習指導要領と ICT 活用　91
　　2　特別支援学校の児童生徒による ICT 活用の実際　92
　　3　教職員による ICT 活用　93
　　4　特別支援学校の卒業生の生活支援　94
　　5　特別支援学校のセンター的機能　95
　　6　最後に　96

第 6 章　もっと職業教育を―実践を通して―　97

実践事例 6-1　小学校の 21 世紀型スキル教育　98

　　1　はじめに　98
　　2　目指す学力の共通理解と 5 つのプロジェクト　99
　　3　どの子にも言葉の力を：言語活動を充実させるための方策　100
　　4　おわりに　102

実践事例 6-2　高校の職業教育　103

　　1　クリエイティブスクールについて　103
　　2　就職指導から就労支援へ　104
　　3　社会的自立を目指すキャリア支援の枠組み　105
　　4　学校をプラットフォームとしたワンストップの就労支援を目指して　106

viii 目 次

実践事例 6-3　特別支援学校の職業教育（小中高）　108
1　特別支援学校卒業後の姿から　108
2　教育課程から　111
3　高等学校との連携から　114

実践事例 6-4　特例子会社の合理的配慮　117
1　はじめに　117
2　合理的配慮の考え方　117
3　施設面を中心とした合理的配慮　118

第7章　インクルーシブ教育に向けた学校のシステム―実践を通して―　122

実践事例 7-1　小学校の支援システム　123
1　はじめに　123
2　中央林間小学校の支援活動のコンセプト　123
3　中央林間小学校の基本となる支援システム　123
4　児童支援中核教諭の配置　125
5　学校全体で行うインクルーシブ教育　126
6　インクルーシブ教育における校長の役割　126
7　おわりに　127

実践事例 7-2　小学校の支援システム　127
1　横浜市立仏向小学校の現状 2018　127
2　教職員の育成：多様性を認めるために　128
3　必要に応じた支援：特別支援教室の活用　128
4　交流教育の取り組み　130
5　組織力　131

実践事例 7-3　中学校の支援システム　132
1　はじめに　132
2　学習指導における現状と問題点　133
3　対応策とその効果　134
4　特別に支援を要する生徒に対して　135
5　校内研究を通して　137

実践事例 7-4　IB校のシステム　138
1　はじめに　138
2　私たちのシステム：個別教育プログラムの設定　139
3　最後に　143

文献　145
あとがき：グローバル化からの問題意識　150

第1部

見落としていること

第1章
教師の仕事は多様な学び方の支援

1節　はじめに

　私たちは，日々生じることに対応するために，見たり，聞いたり，読んだり，話したりしながら，頭の中のネットワークを使って考え，判断しています。学校の授業の様子にたとえると，先生の話や実演，友だちの発表や友だちとの対話，板書，電子黒板，パワポ，映像，教科書など，情報が次から次へと飛び込んできます。授業中の一人ひとりの子どもの様子をよく観察していると，子ども自身にとって，わかりやすい情報，わかりにくい情報，学習を邪魔する情報などがあることがうかがえます。大まかにいえば，私たちは視覚情報と聴覚情報の処理の得意不得意を巧みに操作しながら，すさまじい情報の処理を行っています。

　つまり，子どもたちの情報収集も情報伝達にも得意不得意があり，子ども一人ひとりは異なる方法，異なる道筋をたどって学習しています。だから，教師は，学習を進めるための主要情報である視覚情報と聴覚情報の特徴を知り，子ども一人ひとりの学びの道筋を支援する必要があります。

2節　子どもたちはどのように外界の情報をキャッチしているか

　私たちは，感覚器を通して，外界の情報（見たり，聞いたり）を収集しています。そして，その情報に意味づけし，情報を整理・分類して，判断の手助けにしています。処理後は，行動，音声言語や文字言語等により，外界に発せられ，自分と外界とのやりとりのサイクルが繰り返されることになります。

　情報を視覚，聴覚のどちらで入力しているのか，情報処理の段階で覚えたり，関連づけたりするときには，どの感覚情報を活用しているのでしょうか。

1. 「感覚・知覚・認知」とは

(1) 情報収集は感覚器から始まる

外界の情報を収集する感覚器は全身にあります。視覚・聴覚・触覚・嗅覚・味覚は，その代表でいわゆる五感とよばれるものです。視覚を例にとれば，ただ網膜に映っている状態で，その映っているものの名称も用途も材質の特徴も意味づけされていません。赤ちゃんは初めて見たものを，手にとってなめたりしながら，光っている，堅い，冷たい，重い，水を飲む道具，名前はコップ等の情報を整理していきます。

(2) 知覚とは

知覚段階になると，見たり，聞いたり，触ったり，嗅いだりした情報に意味づけすることになります。事物の材質の特徴を分類したり，名称を言うことができたり，乳幼児の場合は言うことはできなくても機能がわかったりします。実物と絵カードや写真カードとマッチングができたりすることも「同じ」「異なる」などの意味づけと整理ができたことになります。

事物や事象を別の信号，つまり音声言語などの聴覚的信号，文字や写真などの視覚的信号などに置き換えができるということです。見たり聞いたりしたことを認識するということです。

(3) 認知とは

認知の段階は，抽象的な世界で，具体的な事物や事象がなくても，文字や音声言語だけで理解できることになります。「量の保存」はその分岐点にある認知課題です。知覚的な見え方に左右され，同じ量という前提であるにもかかわらず，判断を間違えてしまうという段階で，6〜9歳頃で徐々にクリアしていくことになります。だから，1〜4年生までの間は，具体と抽象の世界を行ったり来たりしながら，学習しているのです。話だけで，または文章を読むだけで本当にわかっているのかを確認することが重要です。

表 1-1　感覚・知覚・認知

感覚：視・聴・触・嗅・味（いわゆる五感） 　　　前庭感覚・固有感覚・筋感覚・痛覚　など 知覚：感覚器から取り入れられた情報に意味づけ 　　　（名称・機能，既有知識との関連づけ） 認知：入力から出力までの一連のプロセス 　　　（抽象的思考）

4 | 第1部 見落としていること

グループワーク1

「感覚・知覚・認知」についてペアで説明し合ってみよう。

2. 視覚情報と聴覚情報の特徴

(1) 視覚情報

人間が扱う情報の約80％は視覚情報といわれています。視覚的手がかりは安定的で残り，手元にあるノートのように何度も戻って確認できるので，その重要性は多くの人に認められています。視覚化は障害の有無にかかわらず，学習効果の大きい手法です。話だけでわからないことでも，具体物の提示，視覚教材の活用や実際の事物の操作で理解しやすくなります。

ただ，LD児や読み書きが困難な子どもたちには，文字の読み間違いや行とばし，図と地の区別等のつまずきなどが認められ，視覚情報の処理の難しさがあります。

(2) 聴覚情報

視覚に比べ，聴覚刺激を処理することには大きな負荷がかかります。その最大の特徴は刺激が不安定で，すぐに消えてしまう中で，記憶，集中，検索，照合などの働きが，時系列的に進行するという処理なのです。だから，長時間の話を聞き続けることは難しく，わからない言葉が1つでもあれば，話についていけなくなります。低学年児であれば，一斉指示だけで理解することは相当に難しくなります。

幼児期であれば，「いす」と「パイナップル」のように音節数の違いで音声模倣も難しくなります。処理できるスパンに限界があるのです。

「先生の話」も「友だちのおしゃべり」も「遠くに聞こえる救急車のサイレン」も同じように信号として入力される中で，聴覚情報は選択的に集中して聞くことが求められます。だから，ADHD児のように選択能力が低いとすべての音刺激に反応せざるをえなくなり，次から次へとすべての音に反応することになり，転導性が高くなります。

これらのことから，視覚や聴覚の処理特性を理論的に理解した上で，児童生徒の観察をする必要があります。

(3) 視覚と聴覚の特徴が指導の手助けをしたり，邪魔となったりする

「視覚化」がクローズアップされすぎ，極端な意見が問題となっています。「何でも視覚化すればよい」「視覚情報が板書を邪魔するので，教室の前には何も掲

示してはいけない」などです。何もかも，視覚化し，示していることですべての子どもが理解できていると考えてしまうこともあります。読み障害のある LD 児のように，教科書を読むことが苦手で，拾い読みになってしまい，意味を理解することが難しくなってしまう場合は，読み上げソフトを使って，聞くことで理解がスムーズな場合があります。その時，視覚情報は万能でないといえます。さらに視覚情報が多すぎると，当然，取捨選択も難しくなります。

聴覚情報は集中力がないと聞き逃してしまいます。その上，すぐに忘れてしまいます。「さっき言ったでしょ」と 1 日に何回言うことか，思い当たると思います。

「視覚情報と聴覚情報の特徴」と，「一人ひとりの子どもが目と耳をどのように使っているか」を理解することは，子どものつまずきを分析することに役立ちます。

表 1-2　視覚情報と聴覚情報

視覚情報	聴覚情報
残る	消える
処理しやすさもある	処理に負荷がかかる
図と地の区別	選択的

3.「聞く」「読む」「覚える」「思い出す」「話す」「書く」ときの子どもの特徴を知り，得意を伸ばし，不得意を支援

（1）入力

入力とは，子どもにとって，見る・読む・聞くなどの情報収集にどんな特徴があり，どれがどのようにわかりやすいかということです。LD 児のような特異的発達障害で，読みに困難があり，教科書を読むことが難しい場合，たどたどしく，がんばって読んだとしても，内容を理解することはできていません。しかし，読み上げソフトを使って聞くことで，すべてを理解し，その上で集団での練り上げに参加することができます。たどたどしく読み続けていては，練り上げに参加できないか，その時までにエネルギーを使い果たしてしまい考えることができなくなってしまいます。

（2）処理

処理とは，収集した情報を既存の情報とどう関連づけて整理し，活用するときにはどのように引き出すかということです。1 つひとつの知識を 1 つひとつの引

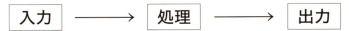

図 1-1　情報処理の過程

き出しにしまうのではなく，しまうときも，出すときも，自分の得意な方法で関連づけるということです。しまいやすく，出しやすく，省エネで学習でき，活用できるとよいですね。その支援を提供するのが教師です。

(3) 出力

　出力とは，情報処理の結果をアウトプットし，伝達する手段の得意・不得意のことです。書くこと（文章，絵，4コマ漫画等），話すこと，ICT（情報通信技術），身体表現などのさまざまな方法を活用します。

　子どもたちは，入力・処理・出力のどこの部分で，何につまずいているのでしょうか。何が得意で何が不得意なのか，どんな学習方略がよいのか，それを把握するためには，認知心理学の所見とアセスメントと観察が重要になります。

> グループワーク2
> 板書を写すことが難しい子どもへの支援を考えてみよう。

4. 継次処理的指導方法と同時処理的指導方法

　日本の教育は伝統的にすばらしい指導技術をもっています。漢字学習を例にあげると，漢字の指導で「筆順」で教えるのは継次処理的指導方法です。その方法の特徴は図1-2が示すように①段階的な教え方，②部分から全体への方向性をふまえた教え方，③順序性をふまえた教え方，④聴覚的・言語的手がかりの重視，⑤時間的・分析的要因の重視，です。

　視覚的手がかりの「つくりとへん」や「意味」で教えるのは同時処理的指導方法です。その方略の特徴は①全体的な教え方，②全体から部分への方向性をふまえた教え方，③関連性をふまえた教え方，④視覚的・運動的手がかりの重視，⑤空間的・統合的要因の重視，です。

　日本の漢字指導では，すでに，異なる認知処理様式で，子どもの認知スタイルに合った教え方をしています。多様な学習方法を提供しているのです。さらに，

図 1-2　得意な認知処理スタイルを生かした指導方法の 5 原則（藤田，2019）

「空書」などのように教師が筆順を指導することには触感覚・運動感覚も加えた多感覚を活用した方略もあります。この多感覚を活用した指導方法は，漢字を覚えるための中枢での情報処理としての整理・記憶・再生にとても有効です。

さらに，PISA 型読解力でいわれる「連続型テキスト」と「非連続型テキスト」は「文章」と「図表・グラフ・地図」の活用を進め，特に視覚的手がかりを重視した「非連続型テキスト」の活用能力の育成を促進したものです。

その上，この認知処理様式による視点は，授業の展開（授業の進め方は帰納的か演繹的か），提供資料（連続型テキストか非連続型テキストか）等のすべてと関連し，子どもの多様性に対応するための手がかりとなります。

　グループワーク 3

「繰り上がりのない足し算」を教える場面について，同時処理的指導方法と継次処理的指導方法のそれぞれを考えてみよう。

5．符号の置き換え（脳内の情報処理）

脳の中では「音韻的符号」「視覚的符号」「意味的符号」（図 1-3）が置き換えられながら情報伝達がされています。「リンゴ」という言葉を聞いて，状況によって，真っ赤なリンゴ 1 個を映像的に思い浮かべたり（視覚的符号化），「リンゴ」という言葉を何度も心の中で唱えたり（音韻的符号化），「甘く，しゃきしゃきとした歯ごたえやおいしさ」に舌鼓をうったことを思い出したり（意味的符号化）

図1-3 情報の符号化

しながら,最終的にその状況下で求められている符号にたどり着くのです。事物や事象をこの3つの符号に置き換えられるということが,事物や事象を理解したということになります。

3節　多様な学び方とICT

　2節で述べたように,「入力-処理-出力」のどこかで,視覚情報または聴覚情報に対して,子どもはその情報の収集や記憶,再生等に得意と不得意があり,つまずいているのです。そのすべてを子どもの努力と,教師の指導で克服するには膨大なエネルギーが必要になります。今,自動車の自動運転を実現させてしまうようなICT(情報通信技術)を活用することは,個に応じた多様な学び方を提供することになるでしょう。

　多様な学び方の提供を進めるための視点として「長所活用型指導」「メタ認知」「認知心理学」「学びのUDLガイドライン」「アシスティブテクノロジー」について述べます。

1. 長所活用型指導

　具体的思考から抽象的思考への9・10歳の壁は,すべての子どもが乗り越えなければなりません。なおかつ,障害があるとそのステップはより難しくなる場合が多くなります。障害の有無にかかわらず,つまずきを抱えていると,二次障害として,周囲への反抗や問題行動として現れ,自己評価が低くならざるを得ません。これは9・10歳の壁や障害そのものの問題より深刻な問題となります。短所改善型では,「もう少しがんばろうね」「できるまで」と激励されながらスモールステップで学習が組まれクリアしていく子どもの数も少なくはありませんが,苦手なことを繰り返し繰り返し学習させられたり,「もう少し,我慢して座っていて」とか「約束で,○○してはいけません」と言われ行動規制が常に求められた

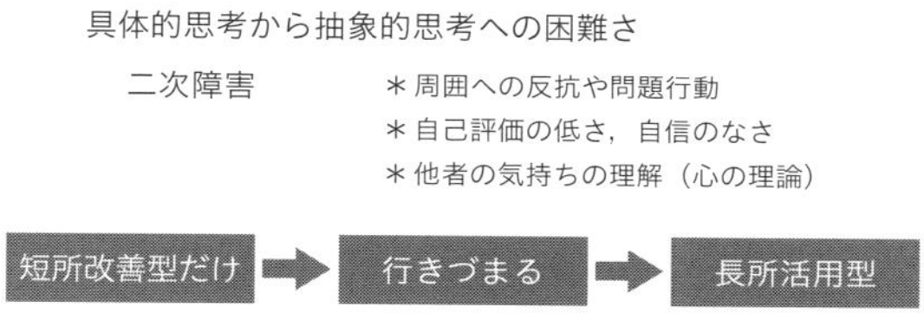

第 1 章　教師の仕事は多様な学び方の支援　　9

具体的思考から抽象的思考への困難さ

二次障害
＊周囲への反抗や問題行動
＊自己評価の低さ，自信のなさ
＊他者の気持ちの理解（心の理論）

短所改善型だけ　➡　行きづまる　➡　長所活用型

図 1-4　9・10 歳の壁と二次障害

りすると，子どもも教員も具体的に成果が得られないまま，行き詰ってしまうことが度々見受けられます。子どもの得意なモダリティや学習方法，学習内容を活用した長所活用型指導への転換が望まれます（図 1-4）。

2. 自分に適した学習方法とメタ認知

　自分に適した学習方法を自覚し，活用することが重要です。筆者が子どもの頃は，漢字を覚えるのに，全員が同じように 100 字ずつ書くという宿題が毎日出されていたことを思い出します。読み書きが困難な子どもにとっては，他児に比べ，相当な苦痛と思われます。漢字を覚える学習方略は，100 回書くという方法だけではありません。子どもによって，さまざまな覚え方があります。「見ただけで覚えてしまう子」「3 回書くだけで覚えてしまう子」「へんとつくりと意味で覚えてしまう子」「空書で覚えてしまう子」「筆順で覚えてしまう子」「動作や唱えることにより，覚えてしまう子（口唱法）（多感覚）」などです。自分の得意な感覚器（モダリティ）を使い，記憶や再生に結びつけることがストレスのない学習方略となるのです。

　あるテレビ番組で 3 歳児が「ケーキ，ケーキ，ケーキ」と言いながら，買い物に行く姿が思い出されます。これは，音声言語によるリハーサルという記憶方略です。幼稚園児は，この方略を教えればできます。2 年生になると，子どもによっては自発的な使用が出現しますが，多くの子どもたちは 5 年生になって，やっと方略の自発的使用の段階になります（図 1-5）。したがって，自分自身の学習方法への気づきを 5 年生まで待つのではなく，低学年から積極的にさまざまな方略を提供し，自分に合った学習方法を早い時期に見つけさせることが必要です。あわせて，自分に適した学習方法を自覚し，活用する過程で，自分自身を客観的に見つめ直すメタ認知の能力が必要となります。かつ，将来にわたって重要な能力と位置づけられているメタ認知の能力も養われるのです。

メタ認知（知覚・記憶・学習・思考など）
「自分に適した学習方法を自覚し，活用すること」

例）記憶のリハーサル
＊幼稚園→教えればできる
＊2年生→自発的な使用が出現
＊5年生→方略の自発的使用の段階

図 1-5　メタ認知

グループワーク 4

メタ認知を育てる方法を考えてみよう。

3. 認知心理学の知見

ここでは，さまざまな学習方法の提供に役立つ，認知心理学の知見のいくつかをあげ説明します（図 1-6）。

(1) 視覚化

最も多くの場面で活用され，効果の高い学習方法です。話し言葉だけでは，理解しにくいことに，具体的な写真や図があることによって，理解できる場合があります。また，思考ツール等の活用によって，思考が視覚化でき，メタ認知が働きやすくなると同時に他人の考えも理解しやすくなります。

視覚化
既有知識
思考ツール
情報量
モニタリング
プライミング効果
活性化拡散理論
違う所，間違い探し
共通点
4コマ漫画
バディによる説明
言い換え
先読み，読み返し
精緻化
多感覚
グラフィックオーガナイザー（つながり）
オーガナイザー

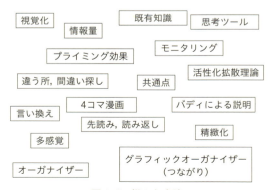

図 1-6　様々な方略

（2）情報量の調整

　モチベーションや集中力に大きく作用します。問題量の多さに驚いてしまい，やる気を失ってしまい，集中力に欠けてしまう子どもには問題量を調整することは当然の対応です。ADHD児のように情報量に左右され，集中が難しい子どもにはとても効果的な対応といえます。

（3）多感覚の活用

　記憶の保持や検索に作用します。「木」という漢字の学習に「よこ」「たて」「しゅーっ」「しゅっ」という言葉と同時に動作（空書）を加えて学習させます。子どもが書けずに困っているときに，「しゅーっ」と声をかけるか，「しゅーっという動作を見せる」ことによって，思い出し書くことができる場合があります。すでに，口唱法として漢字学習に役立てられています。

（4）活性化拡散理論

　活性化拡散理論とは，マインドマップのワンワードを活性化させると，近接のワードも活性化するという理論です（図1-7）。知識のネットワークを作るには，既習のことを活用し関連づけることが効果的です。

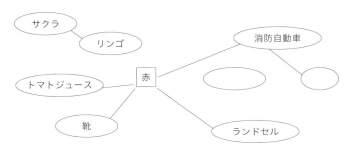

図1-7　活性化拡散理論（マインドマップ）の例

　活性化拡散理論を活用すると，事前に導入で作成させた「マインドマップ」により，既習事項との関連をつけやすくしたり，児童の実態把握ができ効果的な働きかけができやすくなったりします。例えば，単元開始前に「天下統一」という言葉で，各自にマインドマップを作成させます。本人にとっては，新しい単元に対する動機づけと既習事項の整理となります。教師にとっては，児童の実態把握となり，個々への効果的な働きかけのための資料となります。天下統一に向けた各武将のとった事業やエピソードなど，天下統一という事象を深めて学習するに

は，何と何を結びつけることが効果があるのか児童個々の学習仮説を立てることができます。

(5) グラフィックオーガナイザー

グラフィックオーガナイザーも指導の導入に役立つ方略です。例えば，大河ドラマの初めの5分に流れる家系図や地図を使っての事件や人物の説明がこれにあたります。前時の学習の要点と本時の流れを視覚的に理解させることになります。

(6) 思考ツール

思考ツールの最大の利点は「思考の視覚化」です。具体的には，考えを整理したり，創造したりするための知的手だてです。代表的な例として，ウェビング，フィッシュボーン，マインドマップ，バタフライ図，ループ図，Yチャート，短冊方式などがあげられます。これらは，目的によって使い分けられます。思考の表現，整理，選択，創造を促す，便利な情報整理ツールだといえます。また，グループワークにおけるコミュニケーションツールとしての効果もあります。

(7) 4コマ漫画

4コマ漫画も思考ツールの1つです。「起承転結」「因果関係」などの思考の流れがさらに視覚化されます。

グループワーク5

自分に合う学習方法と合わないと感じる学習方法について話し合ってみよう。

---

4. 学びの UDL ガイドライン

(1) 学びのユニバーサルデザイン（UDL）ガイドラインは3つの原則

今まで述べてきたことを UDL3 原則，「UDL ガイドライン 2.0」では，次のように整理しています（CAST, 2011; 図 1-8）。

多くの具体的な学習方法が，知覚から認知までの3段階のレベルと情報処理のプロセスで整理され，提供されています（表 1-3～11）。

(2) 原則Ⅰ：提示（認知）のための多様な方法を提供する（表 1-3～5）

原則Ⅰは，見る・聞く・読むなどの情報の収集にどんな特徴があり，障害に応じたわかりやすい提示方法の具体を示しています。

表 1-3 の「知覚するための多様なオプションの提供」では，代替えの方法もしくは他の「感覚モダリティ」情報を示しています。表 1-4 の「言語，数式，記号

第 1 章　教師の仕事は多様な学び方の支援 | 13

原則Ⅰ：提示（認知）のための多様な方法を提供する	原則Ⅱ：行動と表出のための多様な方法を提供する	原則Ⅲ：取り組みのための多様な方法を提供する
ガイドライン1：知覚するための多様なオプションを提供する 1.1 情報の表し方をカスタマイズする多様な方法を提供する 1.2 聴覚的に提示される情報を，代替の方法でも提供する 1.3 視覚的に提示される情報を，代替の方法でも提供する	**ガイドライン4：身体動作のためのオプションを提供する** 4.1 応答様式や学習を進める方法を変える 4.2 教具や支援テクノロジーへのアクセスを最適にする	**ガイドライン7：興味を惹くための多様なオプションを提供する** 7.1 個々人の選択や自主自律性を最適な状態で活用する 7.2 課題の自分との関連性・価値・真実味を高める 7.3 不安材料や集中の妨げを軽減させる
ガイドライン2：言語，数式，記号のためのオプションを提供する 2.1 語彙や記号をわかりやすく説明する 2.2 構文や構造をわかりやすく説明する 2.3 文や数式や記号の読み下し方をサポートする 2.4 別の言語でも理解を促す 2.5 様々なメディアを使って図解する	**ガイドライン5：表出やコミュニケーションのためのオプションを提供する** 5.1 コミュニケーションに多様な手段を使う 5.2 制作や作文に多様なツールを使う 5.3 支援のレベルを段階的に調節して流暢性を伸ばす	**ガイドライン8：努力やがんばり（根気）を継続させるためのオプションを提供する** 8.1 目標や目的を目立たせる 8.2 チャレンジのレベルが最適となるように，求める（課題の）レベルやリソースを変える 8.3 協働と仲間集団を育む 8.4 習熟を助けるフィードバックを増大させる
ガイドライン3：理解のためのオプションを提供する 3.1 背景となる知識を提供または活性化させる 3.2 パターン，重要事項，全体像，関係を目立たせる 3.3 情報処理，視覚化，操作の過程をガイドする 3.4 学習の転移と般化を最大限にする	**ガイドライン6：実行機能のためのオプションを提供する** 6.1 適切な目標を設定できるようにガイドする 6.2 プランニングと方略開発を支援する 6.3 情報やリソースのマネジメントを促す 6.4 進捗をモニタする力を高める	**ガイドライン9：自己調整のためのオプションを提供する** 9.1 モチベーションを高める期待や信念を持てるよう促す 9.2 対処のスキルや方略を促進する 9.3 自己評価と内省を伸ばす
学習リソースが豊富で，知識を活用できる学習者	方略的で，目的に向けて学べる学習者	目的を持ち，やる気のある学習者

© 2011 by CAST. All rights reserved.

図 1-8　UDL ガイドライン 2.0.（CAST, 2011）

のための多様なオプションの提供」では，「4 コマ漫画」等のわかりやすい視覚化・音声化を示しています。「理解のための多様なオプションの提供」（表 1-5）では，「先行オーガナイザー」等の思考の見える化の多様な方法を提供しています。

14　第 1 部　見落としていること

表 1-3　知覚するための多様なオプションの提供

提示と入力 ガイドライン 1：知覚するため	オプション例
1.1　情報の表わし方をカスタマイズする多様な方法を提供する 1.2　聴覚的に提示される情報を，代替の方法でも提供する 1.3　視覚的に提示される情報を，代替の方法でも提供する	**感覚モダリティ**（見る，聞く，触る）文字サイズ，音声のボリューム，デジタル教材の可変性，コントラスト，ビデオ，拡大，色，分かち書きエモーティコン，キャプション，絵文字，効果音と同じ視覚提示 触図，3D，点字訳，読み上げソフト

表 1-4　言語，数式，記号のための多様なオプションの提供

提示と入力 ガイドライン 2：言語，数式，記号のため	オプション例
2.1　語彙や記号を分かりやすく説明する 2.2　構文や構造を分かりやすく説明する 2.3　文や数式や記号の読み下し方をサポートする 2.4　別の言語でも理解を促す 2.5　様々なメディアを使って図解する	体験や既知の知識と結びつける（事前に）図，グラフ，イラスト，説明 イラスト，**4 コマ漫画**，チャート，図表，シミュレーション，イメージ，インタラクティブなグラフィック

表 1-5　理解のための多様なオプションの提供

提示と入力 ガイドライン 3：理解のため	オプション例
3.1　背景となる知識を提供または活性化させる 3.2　パターン，重要事項，全体像，関係を目立たせる 3.3　情報処理，視覚化，操作の過程をガイドする 3.4　学習の転移と般化を最大限にする	能動的な情報処理スキル（選択的注意，方略的分類，能動的記憶） アンカーリング効果先行オーガナイザー，デモンストレーション，見本，アナロジー，メタファー，ヒント，プロンプト **先行オーガナイザー**，概念マップ，チェックリスト，メモ，リマインダー，パラフレージング法（言い換え），losi 法（場所とイメージを結びつける）

(3) 原則Ⅱ：行動と表出のための多様な方法を提供する（表 1-6〜8）

　原則Ⅱは，話す・書く・実行（記憶・集中・プラン）と表現にどんな特徴があり，自分の考えを深めるための具体的支援方法が示されています。

　表 1-6 では音声や行動に制限があり，身体運動を使った「ICT」等のタッチや操作方法が提示されています。表 1-7 では「書く」「話す」等の代替えとしての「概念マップ」等の多様な方法が提供されています。表 1-8 では，表出の実行を

第 1 章　教師の仕事は多様な学び方の支援　15

表 1-6　身体動作のための多様なオプションの提供

行動と表出 ガイドライン 4：身体動作のため	オプション例
4.1　応答様式や学習を進める方法を変える 4.2　教具や支援テクノロジーへのアクセスを最適にする	ICT，手で，声で，スイッチ，操作レバー，改造キーボード，タッチパネル

表 1-7　表出やコミュニケーションのための多様なオプションの提供

行動と表出 ガイドライン 5：表出やコミュニケーションのため	オプション例
5.1　コミュニケーションに多様な手段を使う 5.2　制作や作文に多様なツールを使う 5.3　支援のレベルを段階的に調節して流暢性を伸ばす	文書，スピーチ，絵，イラスト，デザイン，ブロック，3D 模型，映画，ビデオ，ウェブデザイン，ストーリーボード，漫画，音楽，ビジュアルアート，彫刻 ストーリーウェブ，**概念マップ**，音声入力，ボイスレコーダー，口述筆記，電卓

表 1-8　実行機能のための多様なオプションの提供

行動と表出 ガイドライン 6：実行機能のため	オプション例
6.1　適切な目標設定をガイドする 6.2　プランニングと方略開発を支援する 6.3　情報やリソースのマネジメントを促す 6.4　進捗をモニタする力を高める	計画表やチェックリストのテンプレート，立ち止まって考えるプロンプト，シンクアラウド 収集と整理のためのグラフィックオーガナイザー，**テンプレート**，分類や体系化のためのプロンプト，ノートテイクのガイド 進捗状況の写真，グラフ，チャートによる提示

支援したり，考えを深めるための「テンプレート」等の具体的支援方法が提示されています。

（4）原則Ⅲ：取り組みのための多様な方法を提供する（表 1-9〜11）

　原則Ⅲは，モチベーションと実行機能の面から支援方法の具体が示されています。「UDL ガイドライン」ではモチベーションを強調しています。

　表 1-9 は「チャレンジレベル」等の本人の興味関心，自発性を高める工夫，表 1-10 は「協働学習グループ」等の実行の持続を助ける工夫やグループの活用などが示されています。表 1-11 は「チェックリスト」「アンガーマネージメント」等の実行を完了するためのメタ認知や自己コントロールの支援が示されています。

16　第 1 部　見落としていること

表 1-9　興味を惹くための多様なオプションの提供

取り組み ガイドライン 7：興味を惹くため	オプション例
7.1　個々人の選択や自主自律性を最適な 　　　状態で活用する 7.2　課題の自分との関連性・価値・真実 　　　味を高める 7.3　不安材料や集中の妨げを軽減させる	**チャレンジレベル**，カレンダー，スケジュール， タイミング，合格の証し 新奇性やリスクのレベル，ルーチン，ヘッドホ ン，休憩

表 1-10　努力やがんばり（根気）を継続させるためのオプションの提供

取り組み ガイドライン 8：努力やがんばりの継続	オプション例
8.1　目標や目的を目立たせる 8.2　チャレンジのレベルが最適となるよ 　　　うに，求める（課題の）レベルやリソー 　　　スを変える 8.3　協働と仲間集団を育む 8.4　習熟を助けるフィードバックを増大 　　　させる	具体化，シンボル化，長期と短期，リマインダー 付きスケジュールツール 合格基準の厳しさ・緩さを柔軟に，他者評価， プロセスや努力を評価 **協働学習グループ**，ピア・チュータリングとピ ア・サポート 頻繁に，継続して，多様なモダリティで示され るフィードバック

表 1-11　自己調整のためのオプションの提供

取り組み ガイドライン 9：自己調整のため	オプション例
9.1　モチベーションを高める期待や信念 　　　をもてるよう促す 9.2　対処のスキルや方略を促進する 9.3　自己評価と内省を伸ばす	プロンプト，リマインダー，ガイド，ルーブリッ ク（段階別達成基準），**チェックリスト** フラストレーションの管理，**アンガーマネジメ ント** フィードバック表示

　つまり，3 つの原則は，学習者の特性に応じて「What　何で学ぶか」「How
どのように学ぶか」「Why　モチベーション」の視点から，主体的，協働的に自
ら学ぶことができる一人ひとりにあった「学び方」を模索し，提供することを意
味しています（表 1-12）。

第1章 教師の仕事は多様な学び方の支援 17

表 1-12 学びのエキスパートとは

学習リソースが豊富で，知識を活用できる学習者	what 何で学ぶか
方略的で，目的に向けて学べる学習者	how どのように学ぶか
目的をもち，やる気のある学習者	why なぜ学ぶか，モチベーション

グループワーク 6

表 1-3～11 に示されている多様な方法のうち，わからない支援方法を調べて，グループ内で話し合ってみよう。

5. 学習に困難を抱える子どものための AT

東京大学の中邑賢龍氏は，学習に困難を示している子どもたちの支援においてICT を効果的に活用した実践を紹介しています。

身の回りにあるテクノロジーが困難さを補い，学習への参加を進めることになります。板書を写すことが苦手な子どもが，授業中学級全体は集中した思考の練り上げに入っても，まだ，苦労しながら板書を写しているような状況をよく見かけます。皆と一緒に，考え，意見を交わしたいと思っても，ままならないのです。そこで，テクノロジーを使い，過度な負担を軽減できれば，子どもは話合いに参加することができるのです。

子どもの多様性と負担の軽減の効果を理解した教師は，AT（アシスティブテクノロジー）で，学習のスタートラインを揃えることができます。表 1-13 では，具体的な学習課題や，つまずきが予測される場面での注意や記憶等への対応するICT を一覧にしています。

表 1-13 学習に困難を抱える子どものための AT （中邑，2007）

・読み	→	電子図書，読み上げソフト，拡大ソフト，ルビソフト，辞書
・書き	→	ワープロ，デジカメ，IC レコーダー
・計算	→	電卓，電子マネー
・記憶	→	デジカメ，IC レコーダー
・思考	→	マインドマップ
・見通し	→	スケジューラ，タイマー
・感覚	→	ノイズキャンセリングヘッドフォン，サングラス
・注意	→	リマインダー，ノイズキャンセリングヘッドフォン
・ナビゲーション	→	GPS
・コミュニケーション	→	電子メール，デジカメ，IC レコーダー
・学校	→	インターネット／オンライン教材

4節　章のまとめ

　この章で，まずは，一人ひとりの子どもが見たり，聞いたり，考えたりするときに頭の中でどのようなことが起こっているのでしょうか。視覚と聴覚による情報収集，その情報の記憶や整理について，改めて認知心理学の視点でプロセスを整理して，脳の働きを考えてみました。すると，情報のとらえ方や整理の仕方は一人ひとりの子どもによって，得意不得意があり，その子にとっての最適な学習の方法はさまざまにあることがわかりました。

　当然，見えない頭の中を知るには，WISC や K-ABC，NS-DOS 等の心理検査が必要となります。検査の実施には専門性が必要であり，集中的な時間が必要となります。しかし，この章で学んできた認知心理学の知見を理解した上での観察で，子どもの得意や困り感を理解し，一人ひとりに適した学習方法を提供することは可能となります。

　授業に必要なのは全員がわかる方法の検討ではなく，障害の有無にかかわらず，全員が異なるプロセス・方法で学習しているということを強く認識することです。また，これからの社会に求められるスキルや能力は素早い変化にも対応していかなければならないのです。

　次の章以降では，その求められている内容は何か。学校の今までのすばらしい実践で該当する活動を紹介していきます。

グループワーク7

　WISC，K-ABC，NS-DOS について調べて，グループ内で話し合ってみよう。

第2章 もっと職業教育を

1節　ユネスコ「21世紀国際委員会」報告

　ユネスコ「21世紀国際委員会」報告書（1997年）では，「知ることを学ぶ」「なすことを学ぶ」「共に生きることを学ぶ」「人間として生きることを学ぶ」（図2-1）という4本の柱で，「21世紀型スキル」の土台となることを述べています。
　例えば，「知ることを学ぶ」の中では，「知識獲得の手だて」に着目し，「なす

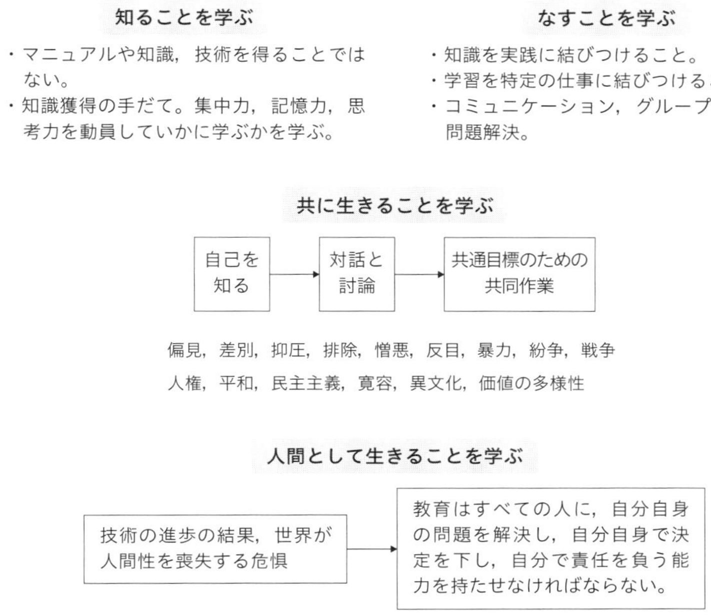

知ることを学ぶ
・マニュアルや知識，技術を得ることではない。
・知識獲得の手だて。集中力，記憶力，思考力を動員していかに学ぶかを学ぶ。

なすことを学ぶ
・知識を実践に結びつけること。
・学習を特定の仕事に結びつけること。
・コミュニケーション，グループワーク，問題解決。

共に生きることを学ぶ

自己を知る → 対話と討論 → 共通目標のための共同作業

偏見，差別，抑圧，排除，憎悪，反目，暴力，紛争，戦争
人権，平和，民主主義，寛容，異文化，価値の多様性

人間として生きることを学ぶ

技術の進歩の結果，世界が人間性を喪失する危惧 → 教育はすべての人に，自分自身の問題を解決し，自分自身で決定を下し，自分で責任を負う能力を持たせなければならない。

出典：ユネスコ「21世紀国際委員会」報告書　1997年

図 2-1　21 世紀型スキルの 4 本柱

ことを学ぶ」では，「知識を実践に結びつけること」「学習を特定の仕事に結びつけること」というように職業教育の重要性とともに，グループワークや問題解決といった手法にも着目し，今のグローバル化の社会の中で求められている能力を説明しています。

「共に生きることを学ぶ」「人間として生きることを学ぶ」では，多様性を認めた共生社会がすべての土台であることを示しています。

地政学的に独特の日本であっても，約20年前の報告通りの姿に近づいています。「徐々に世界市民」が実感できるようになり，いろいろな目的で日本社会にとけ込む外国籍の人々が多くなりました。「最新の情報技術の挑戦」はスマートホンが普及し，クラウドや人工知能（AI），IoTという言葉も常識になり，ますます加速しています。「改革戦略」もイノベーションという言葉が当たり前になり，岩盤を崩すような構造改革が進んでいます。そして，労働者はもちろん，高齢者も障害者も学び続け，自立すること，社会貢献することが求められています。理想の地域社会が希求されているのです。

今の日本では，職業教育の重要性が国民全体には認識されているとは言い難く，キャリア教育という学校の取り組みも始まったばかりです。

障害者の雇用に関しては，雇用促進法により成果を着実に上げ，職域・雇用対象の障害種も広がりをみせてきています。また，労働関係では「合理的配慮」についての認識が教育に先行しています。

そのような状況の中，深刻なことは，原因はさまざまでしょうが「ひきこもりやニート」の問題であると筆者は考えます。働くことの意義である社会参加，自己実現，社会貢献，経済的自立の喜びを誰もが享受できる地域社会づくりを国民全体で希求することが急務であると考えます。また，国の根幹である労働政策は国の重要な責務であり，多様な働き方と生涯学習の保障が重要といえます。教育としての解決への取り組みとしては，「実践的な職業教育のさらなる充実」「職業教育に対する国民の意識改革」「丁寧なジョブマッチング」の3つに整理されると筆者は考えます。

2節 「キャリア教育」と「地域若者サポートステーション」，「ジョブコーチ」

キャリア教育の取り組みとして，重要な視点の1つめは「実践的な職業教育の

さらなる充実」です。日本の教育制度の特徴は学級集団を基盤として，基礎知識の定着を第一に，ナショナルスタンダードを平等に提供してきました。その効果は大きく，日本の高度成長を支えてきました。しかし，今は，「全国的に画一的な学習内容となり，価値観の多様化が図りにくい」「能力の差があるのに，個々に合わせた学習カリキュラムが組めない」などの課題を抱えています。そこで，筆者は，小学校は共通で，中学校以降の複線化が求められていると認識しており，高等教育機関進学を目指す系統と職業的教育を行う系統に分岐する必要があると考え提案します。

　2つめは「職業教育に対する国民の意識改革」です。中学校以降の教育に職業学科を位置づけ，さらには中等教育学校にも職業学科を設置することで，国民の職業教育に対する意識を変えることができるのではないかと考えます。

　多様化，高度化した職業教育を中学校から始めるという進路選択を本人，保護者が選択したくなるような充実した内容と，その先の就労にしっかりと結びつけることにより，意識改革が進むと考えます。すでに多くの実践がある「トライやる・ウィーク」や「バイターン」は，子どもにも国民にも理解されやすい体験的な取り組みといえます。

　最後に重要な視点は「丁寧なジョブマッチング」です。いつでも，何度でも，専門家による相談と丁寧なジョブマッチングが行えるようになることは，就職と定着に効果を発揮します。障害の有無にかかわらず，以下の「地域若者サポートステーション」と「ジョブコーチ」の取り組みの充実・発展が必要になってきます。

①地域若者サポートステーションでは，相談，ステップアップのプログラム，職場見学・体験，チャレンジ体験等が提供されます（図2-2）。

②ジョブコーチとは，「職場適応援助者」のことで，障がい者が一般の職場で働くことを実現するため，障がい者と企業の双方を支援する就労支援の専門職をさすと一般的に定義されています。ジョブコーチの支援は表2-1に示すように，障がい者本人に対する支援，雇用主に対する支援，家族に対する支援が考えられています。

第1部 見落としていること

```
ニート等の若者のうち，就労の意思はあるものの様々な課題をかかえている者。
（ニート等の若者：15～39歳で，非労働力人口のうち，家事も通学もしていない者）         課題は人により違う

☐「働きたいけど，どうしたらよいのかわからない…」          ☑ 生活リズムが不規則（昼夜逆転）
☑「働きたいけど，自信が持てず一歩を踏み出せない…」      ☑ コミュニケーションが苦手で…不安
   自分になにかできるとは思えない　など                            ・大勢の中で活動できない
☐「働きたいけど，人間関係の躓きで退職後，ブランクが              ・1対1なら話しができるが集団のなかでは話せ
   長くなってしまって…」                                              ない
                                                                  ☐ 守ろうとしても時間が守れない
```

相談支援

キャリアコンサルタント等による
個別的な相談，支援計画の作成
・課題，問題点の洗い出し　　・個別支援計画の作成，目標設定
・各種プログラム後のふりかえり

保護者からの
相談も受付

小さな成功体験の積み重ねを繰り返す

個別，グループ等による就労に向け踏み出すためのプログラム等の実施

ハローワーク
などを経て
社会へ
踏み出す
（就職）

就職した者への
定着支援・
ステップアップ
相談

■ ステップアップのプログラム
コミュニケーション能力向上のためのトレーニングなど

■ 職場見学・職場体験
意欲と自信を持つ

■ チャレンジ体験
（産業界の求人ニーズの高い業種等で1か月程度就労体験）

■ （任意）集中訓練プログラム
合宿形式を含むサポート，自信回復，職場で必要な基礎的能力付与，就職活動に向けての基礎知識獲得等を集中的に実施

コミュニケーション訓練

農業での実習

● 地域の若者支援機関等と連携
● 学校，ハローワークと中退者情報を共有し支援

出典：厚生労働省　地域若者サポートステーション　2015年

図 2-2　サポートステーションによる支援と利用者のイメージ

表 2-1　ジョブコーチの支援

1　障がい者本人に対する支援
　①人間関係，職場内コミュニケーション（挨拶，報告，職場内マナー等）
　②基本的労働習慣（継続勤務，規則の遵守，生活リズムの構築等）
　③職務遂行（職務内容の理解，作業遂行力の向上，作業態度の改善）
　④通勤等に係る支援

2　雇用主に対する支援
　①障害に係る知識（障害特性の理解，障害に配慮した対応方法，医療機関との連携方法等）
　②職務内容の設定（作業内容，工程，補助具等の設定等）
　③職務遂行に係る指導方法（指示や見本の提示方法，作業ミスの改善等）
　④従業員との関わり方（指示・注意の仕方，障害の知識に係る社内啓発の方策等）

3　家族に対する支援
　①本人の職業生活を支えるための助言

第2章　もっと職業教育を　23

> **グループワーク8**
>
> 職業教育についての考えを発表してみよう。

3節　大人になるために必要な「ソーシャルスキル」「シチズンシップ」そして「ライフスキル」

　職業教育と平行して適応行動への対応が重要となります。適応行動とは「日常生活において機能するために人々が学習した概念的（認知，コミュニケーション，学業に関するスキル），社会的（社会的能力に関するスキル）および実用的（自立して生活を送るスキル）なスキルの集合」とAAMR（アメリカ精神遅滞学会）では定義しています。例えば，「指示どおりに落ち着いてみんなと勉強ができない」といった学校や教師の困り感や，「何にも片づけない」といった家庭での困り感も，本質的な障害の問題よりも，教師も，保護者も，本人も，適応の問題で困っていることがほとんどです。

　成長にともない，社会の一員となるためのスキルは，身近な内容から，徐々に広がり深まりをみせてきます。まず，幼児期や学齢期には，身近なスキルを内容とするソーシャルスキルトレーニングの適用が必要となります。

1．ソーシャルスキル

　ソーシャルスキルトレーニング（social skills training: SST），社会生活技能訓練とは，カリフォルニア大学ロサンゼルス校の医学部精神科のロバート・リバーマン教授（Robert Paul Liberman）が考案したもので，困難を抱える状況の総体を「ソーシャルスキル」とよばれるコミュニケーション技術の側面からとらえ，そのような技術を向上させることによって困難さを解決しようとする技法と一般的には定義されます。

　岡田（2012）は，幼児期や学齢期に，子どもが学ぶべきソーシャルスキルには，「学習態勢・集団行動」「コミュニケーション」「仲間関係」「生活・身辺処理」「情緒や自己」「運動・感覚」の分野をあげている。また，ソーシャルスキルの指導方法を表2-2が示すように「教示→モデリング→リハーサル→フィードバック→般化」としています。

　スキルの理解や習得には，「必然性」と「動機づけ」が大きく関与します。自

表 2-2　ソーシャルスキルの指導方法 （岡田，2012）

教示 （直接教える）	直接，言葉や絵カードでスキルを遂行するように教えること。なぜそうすべきか理由も具体的に教えることが大切。
モデリング （見て学ぶ）	適切なモデルを見せて学ばせること。わかりやすい不適切なモデルを見せ，考えさせるときもある。
リハーサル （やってみる）	ロールプレイングやワークシート，ゲームの中で実際に行ってみて練習させること。適切に行動できるようにプロンプト（お助けヒント）を出すのも，ポイントとなる。
フィードバック （振り返る）	よかったかどうか振り返り評価すること。年齢や子どもの状態により効果的な強化子（ほめ方）は異なる。即時に，具体的に，肯定的に評価するのがよい。日常の中では「イライラしたんだ」等と感情面もフィードバックしていく。
般化 （いつでも，どこでも，だれとでも）	違う場面でもスキルを発揮するように促したり，宿題を出したりすること。指導機関，学校，家庭などで共通認識をもち，一貫した対応と行動の促しが必要となる。

分でその必要性に気づき，習得に向けて行動しなければならないのです。つまり，指導者の意図で設定された場面の学習だけでは，効果は低くなります。「事件は現場で起きている」という言葉の通り，必然性があって，初めて人の心は動き，大きな学習効果を生むことは明らかです。その現場は，休み時間や特別活動の時間に最適に設定されるのです。

　ソーシャルスキルは地域の文化です。つまり，すべての人が学ぶべきことであり，障害の有無にかかわらず，1つずつ，丁寧に学んでいく必要があります。

　さらに，環境として，発達障害のある子が理解しやすいのは，「少人数」「異年齢」という条件です。異年齢集団では，知識や経験の違うという多様性，納得できるリーダーシップ，下級生へのいたわり，という「優しい集団」が構成されるのです。まさに，将来の職場や社会に則した環境です。

　そして，次に位置づけられるのはシチズンシップです。

2．シチズンシップ

　シチズンシップは「多様な価値観や文化で構成される社会において，個人が自己を守り，自己実現を図るとともに，よりよい社会の実現に寄与するという目的のために社会の意思決定や運営過程において，個人としての権利と義務を行使し，多様な関係者と積極的（アクティブに）に関わろうとする資質」と定義されます。成熟した市民社会に向けて，その構成員を育てます。

地域社会での活動・生活を通して，意識（自己や他者への意識，社会への参画意識），知識（公的・共同的な活動に必要な知識，政治的活動に必要な知識，経済的活動に必要な知識），スキル（自己・他者・社会の状態を分析するためのスキル，情報を効果的に収集し活用するスキル，社会の中で意見を表明し他者の意見を聞き実行するためのスキル）を養うことになります。

3. 5組（10種類）のスキル

WHOではライフスキルを「人々が日常生活で生じるさまざまな問題や要求に対して，建設的にかつ効果的に対処するための必要な能力」（WHO, 1994）と定義しています。5組（10種類）のスキルは表2-3に示しました。

特にこれからの社会人に必要なスキルは，ストレスマネージメントです。ストレスの排除だけでなく，ストレスと上手につきあうことが求められています。

また，共生社会に一番大切なのは「思いやり」の心です。アサーションという親和的なコミュニケーションの取り方を心がける必要もあります。

そして，「思いやりの心」を具体的に行動すると「助け上手」「助けられ上手」となるかもしれません。さまざまな問題状況は環境（人・もの・すべて）との関係で，生じたり，なくなったり，大きくなったり，小さくなったりする「社会モデル」ということになります。

表2-3　5組（10種類）のスキル（WHO, 1994）

1-1　意思決定スキル	1-2　問題解決スキル
2-1　創造的思考スキル	2-2　批判的思考スキル
3-1　効果的コミュニケーションスキル	3-2　対人関係スキル
4-1　自己認識スキル	4-2　共感スキル
5-1　情動抑制スキル	5-2　ストレスへの対処スキル

第3章
教師の専門性は教育課程づくり

1節　はじめに

　今，前章で述べたように特別支援教育の対象は限りなく広がりつつあります。通常学級に在籍する 6.5％どころではなく，ボーダーラインで多様なつまずきのある子どもたちを対象として膨張し続けています。健常児と障害児をはっきり分ける境界線などは存在しません。

　また，障害者差別撤廃に関する国際的動向と「障害者の権利に関する条約」の批准を機に，文部科学省は「共生社会の形成に向けたインクルーシブ教育システム構築のための特別支援教育の推進（報告）」（2012 年）の中で「『共生社会』とは障害者等が積極的に参加・貢献していけることができる社会であり，誰もが相互に人格と個性を尊重し，多様な在り方を相互に認め合える全員参加型の社会で，このような社会を目指すことは，我が国にとって重要である」と述べています。したがって，学校教育では同じ場でともに学ぶことを追求するとともに，個別の教育的ニーズのある幼児児童生徒に対して，自立と社会参加を見据えた教育的ニーズに的確に応える指導の提供を求めています。つまり，障害の有無にかかわらず，同じ枠組みで将来に備える新しい教育の提供が求められているのです。

グループワーク9

　教師の専門性とは何か，リストアップしてみよう。

2節　「21 世紀型スキル」から教育課程の基本を考える

　「21 世紀型スキル」（Assessment and Teaching of Twenty-First Century

第 3 章　教師の専門性は教育課程づくり　27

表 3-1　21 世紀型スキル

思考の方法
　1　創造性とイノベーション
　2　批判的思考，問題解決，意思決定
　3　学び方の学習，メタ認知

働く方法
　4　コミュニケーション
　5　コラボレーション（チームワーク）

働くためのツール
　6　情報リテラシー
　7　ICT リテラシー

世界の中で生きる
　8　地域とグローバルのよい市民であること（シチズンシップ）
　9　人生とキャリア発達
　10　個人の責任と社会的責任（異文化理解と異文化適応能力を含む）

（ATC21s，2010 年）

Skills Project: ATC21s，2010 年）は表 3-1 のような 10 のスキルに整理されます。
合理的配慮のもと，すべての幼児児童生徒に求められるスキルです。
　これからの教育課程づくりとの関連で考えると以下の 2 つに注目することを提
案します。

1．学び方の学習とメタ認知，ICT・情報リテラシー

　一人ひとりに得意，不得意があるように学び方も十人十色です。例えば，漢字
を覚えるのに筆順で何度も書くことによって覚える児童，へんとつくりで意味的
に覚える児童といます。
　児童が自分にあった学び方を見つけるには，教師がいろいろな学び方を認知心
理学の所見に基づいた上で，児童を観察し，その子にあった学び方を提供するこ
とです。教師の専門性の 1 つはここにあるといっても過言ではないと考えます。
　このように一人ひとりの認知特性の把握と配慮ができていれば，必然的に集団
での学びは深まります。
　そして，ICT の活用は，多様な学び方の幅をさらに広げるとても有効なツー
ルです。例えば，読み障害の子どもには，読み上げソフトはとても有益な ICT
の活用です。いずれにせよ，誰にとっても ICT・情報リテラシーはこれからの
社会にはエンハンスメントです。

2．働く方法（小グループでの問題解決）

　学校の学習では，等質集団での学習場面が多く用いられます。基本は同年齢の学級集団で学習が進みます。算数科などでは等質少人数による学習が効果を上げていますが，単元や導入時によって，いろいろな集団の工夫が行われています。そして，さらなるグループワークの成果が求められています。

　異年齢集団のような多様性のあるグループでは，解決能力にも幅ができます。一人ひとりの経験・能力の幅に応じて，多様な解決の方法や結果を導き出すことが可能になります。

　一人ひとりの得意・不得意をお互いに理解し，自己理解，他者理解が進み，「助け上手」「助けられ上手」の関係ができ，自己肯定感，他者尊重を育てることになります。

　実社会に近い異年齢集団等の多様性の活用を積極的に取り入れることが，発達障害の有無にかかわらず必要なことです。そして，それは，よき市民としてグローバル社会で働くことや共生社会につながることを強く意識すべきです。

　以上のことから，教育課程づくりにおいて，教科・領域にかかわらず，共通した学習方法として「アクティブラーニング」と「問題解決型学習」を提案します。

3節　「問題解決型学習」，「アクティブラーニング」と「ユニバーサルデザイン」

1．「問題解決型学習」をどのように指導するのか

　神奈川県立総合教育センター（2008）では，「これまで身につけた知識や技能など使って，問題を認識し（見いだし），情報を収集，分析するなどして，方策を決め，実行していく力」（表3-2）と定義しています。プロセスが大切であり，そのプロセスで，適切な指導が必要です。今，教師に求められるのは，その適切

表 3-2　問題解決のプロセス（神奈川県立総合教育センター，2008）

問題解決のプロセス１：問題の認識
問題解決のプロセス２：情報の収集・分析
問題解決のプロセス３：方策の決定
問題解決のプロセス４：実行・評価

な指導の理論と質であることはいうまでもありません。

2. アクティブラーニング

京都大学の溝上（2014）は，アクティブラーニングを「一方的な知識伝達型講義を聴くという（受動的）学習を乗り越える意味での，あらゆる能動的な学習のこと。能動的学習には，書く・話す・発表するなどの活動への関与と，そこで生じる認知プロセスの外化をともなう」と定義しています。

また，協同学習は次のように説明されています（日本協同教育学会　2006年）。

・互恵的相互依存関係が成立している。
・学習目標の達成とグループの成功に対する学習者自身の責任が明確になっている。
・促進的相互交流の機会が保障され，実際に相互交流が活発に行われている。
・協同の体験的理解が促進されている。

アクティブラーニング（表3-3）を効果的に実践する場が協同学習（表3-4）という場になるのかもしれません。

これからの時代に求められることは，知識をいっぱいに詰め込むのではなく，それらの知識をつなげて，問題を発見し，分析し，協働して，新しいことを創造する力です。

表 3-3　アクティブラーニングの利点

・考えたことを書いたり，図に表したり，話したりして，子どもが理解している内容を確認することができる
・形成的評価に役立つ
・さまざまな他者の視点を取り入れ，自己の理解を相対化させることができる
・自己の理解と実際をリンクさせることができる
・新たな知識・情報・体験へアクセスさせることができる

表 3-4　協同学習の 5 つの基本要素

・互恵的な相互依存性
・（互いに高め合うような）対面的なやりとり
・個人の責任
・ソーシャルスキルや協同・協働スキル
・チームのふりかえり

30　第1部　見落としていること

　アクティブラーニングで身につける力とは，「思考力・判断力・表現力」や「実行力・活用力・問題解決力」や「主体性・多様性・協働性」と整理できます。

　「思考力・判断力・表現力」を身につけさせるというと，今までと変わらないという批評になってしまいます。では，何が，今までと異なるのでしょうか。スティーブ・ジョブスのような1人の天才ではなく，グループ力でイノベーションを起こすような人材が求められているのではないでしょうか。「実行力・活用力・問題解決力」や「主体性・多様性・協働性」に主眼があるのがアクティブラーニングです。

　なおかつ，今の世界の目まぐるしい変化をみれば，グループに求められている質とスピードが，創造を越えたものであることもわかります。求められるものの質がどんどん高くなっていきます。

　それに応えていかなければならない現代の子どもたちを育てる教師に求められるのは，実行・活用・問題解決・グループワークの理論とグループの成長への適切な支援のスキルです。

　アクティブラーニング，そして，学習は，ヒト・モノ・コトとの相互関係の中で生じる社会モデルなのです。

3.　授業のユニバーサルデザイン

　授業のユニバーサルデザイン研究会では，「授業のUD化モデル」（図3-1）を提供しています。障害の有無にかかわらず，授業における学びをとてもわかりやすく説明しています。ここに説明されている指導方法の工夫等を念頭に置いて，授業を考えていくべきであると同時に，その逆の面である子どもの学び方という視点も大事です。

　一人ひとりの学び方を探し，提供するためには，児童生徒のつまずきを「入力－処理－出力」のレベルで分析し，理論に基づいた仮説と，アイデアが必要になります。

　一人ひとりへの適切な学び方の提供という配慮の蓄積が，集団での授業となります。全員がわかるという「1つの方法」はなく，「各自のわかる方法」の同時進行なのです。学校教育の授業は，集団における学び合いの場であります。

第 3 章　教師の専門性は教育課程づくり

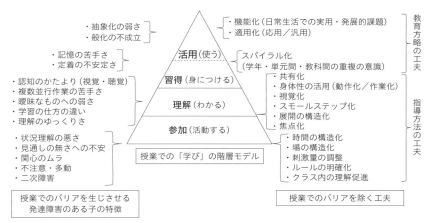

図 3-1　授業の UD 化モデル（授業のユニバーサルデザイン研究会，2012）

4 節　教育課程の構造化と多様化

「可搬性」「活用可能性」「持続可能性」「共生性」を達成するために，教育課程の構造化といろいろな職業に応じるための多様な教育課程が必要になります（表3-5）。そして，そのベースには自分にあった学び方の習得があるのです。

学校教育における教育課程の編成は，教師にしかできない，教師の一番の専門性です。医療・カウンセラー・心理職・ST（言語聴覚士）・PT（作業療法士）・OT（理学療法士）にはできないことです。

休み時間の異年齢のグループ活動が，クラスのグループ活動と結びつき，総合的な学習の時間や行事にどう結びつくのかという学校全体の教科・領域の構造化です。

そこには，「基礎」「伸展」「活用」という考え方がヒントになります。「可搬性」「活用可能性」「持続可能性」「共生性」を実現するためには「教師主導で教え，学び合う時間」「そこで得た知識をちょっと異なる場面で使ってみる時間」

表 3-5　教育課程編成のコンセプト

①可搬性：学習成果が，将来必要となる場所と時間まで「もっていける」こと
②活用可能性：学習成果が，必要になったときにきちんと「使える」こと
③持続可能性：学習成果が，修正可能であることを含めて「発展的に持続する」こと
④共生性：学習成果が，異年齢グループのような「多様性のなかから生じる」こと

「児童主体で，子どもたちが自力でそれを解決できるかどうか，教師は観察評価する時間」の３つの場面を「意図的に」構造化するということです。

　子どもたちの毎日の学校生活の中で，一人ひとりの子どもがいつ，どこで，満面の笑顔で，輝くのでしょうか。教師は，クラスの全員が１日１回は必ず輝くときを求めています。もちろん，すべての時間に輝き続けることが理想ですが，子どもの得意不得意，体調等の環境との相互作用の中で，現実的にはかなり難しいことです。支援を必要とする子どもへの支援は，国語や算数・数学の時間に集中する傾向がありますが，支援や指導が必要な場や効果が高い場は他にたくさんあると考えます。昼休み，給食，体育，図工，総合の時間，クラブ，行事，縦割りの活動，などなどです。教育課程の構造化の上で，クラス全員の教育的ニーズを場面場面にきちんと位置づけることが必要です。さらに，その場面を広げ，教師だけでなく環境，ボランティア，地域といった学校内外の援助資源を無駄なく効率よく活用することが地域に開かれたカリキュラムです。教師の専門性は，子どもの全体像を把握し，構造化された支援カリキュラムをつくることといえます。「国語や算数の苦戦している場面に支援者を配置すること」や「通級指導の提供」が特別支援教育だと思ってはいませんか。その他の場面での支援だけでもよいのではないでしょうか。特に通常学級にいる発達障害児には，どこに安心の場を設け，今は何の場面で何を学習させるのか，彼にとって誰がキーパーソンで，何にキラリとするのでしょうか。得意を生かした広い視点で考え，位置づけることが求められています。これがインクルーシブ社会への第一歩なのです。

1. 学習指導要領はコンテンツからコンピテンシーへ

　表3-6は通常の教育と特別支援教育の教育課程の一体化を可能とするカリキュラムの構造化の基本的考え方を示しています。

　通常教育のカリキュラムに子どもの多様性を受け入れる柔軟性は狭いといわざるを得ないので，通常教育の改革は障害をもつ子どもの通常教育カリキュラムへのアクセスとリンクして包括的に行わなければなりません。

　通常の教育か特別支援教育かの選択の幅を広げることではなく，一体化したうえでの教育課程の柔軟性を広げることがインクルーシブではないでしょうか。つまり，内容中心の教育課程から表3-6に示す，育てるべき能力目標の明確化が幅を広げることにつながるかもしれません。

第 3 章　教師の専門性は教育課程づくり　33

表 3-6　通常の教育と特別支援教育の教育課程の一体化を可能とするカリキュラムの構造化
（安藤，2017）

	基礎学習	伸展学習		活用学習
教科	国語・算数・社会・理科・生活	英語 プログラミング教育	音楽 図工 体育	家庭・総合的な学習の時間・道徳・特別活動・（社会・理科）
異学年	学年	学年	低・中・高	低から高
学習集団	○少人数〜多人数 ○一部進度別	○少人数〜多人数 ○興味・関心・得意		○異年齢の小集団 ○課題解決／単元学習 「地域の防災マップ」 「商店街活性化プロジェクト」 「地域貢献活動」
ねらい	○認知スタイル ○一人ひとりの学び方 ○言語活動	○得意な表出（表現）手段		○能力育成 （リーダーシップ，コミュニケーション，プロジェクト法，課題解決，グループワーク等）

○教員の複数（TT）配置を基本とする

2. 通常教育のカリキュラムに

（1）基礎学習

　今まで日本の教育が培ってきた「集団一斉の質の高い授業」に加え，欧米のような「プリントとタブレットを活用した個々の学習」を組み合わせます。ただ，ねらいは1つで，一人ひとりの認知特性に応じた情報入力の方法と個々の学び方を見つけることです。

　例えば，算数の授業では，45人のクラスに2人の教員が配置され，一人ひとりの子どもはタブレットやプリントを活用し個々の進度に応じて学習が進められています。一斉指導の場面は極めて少ないです。相当先の内容にも対応しています。隣の教室の算数は，児童5名で1人の教員が一斉指導をしています。もう1つの教室では，30名の児童に2人の教員がTTで一斉指導をしています。もちろん，国語，社会，理科のそれぞれで，異なる学習集団で学習が進められていますが，基本はTT（ティームティーチング）で対応しています。

（2）伸展学習

　教科の特性に応じて，子どもたちの興味・関心・得意を広げ，伸ばしていくことになります。ねらいは得意な表出手段の活用です。多人数の学習集団をTTの

活用で展開します。

（3）活用学習

　合科・統合により，課題解決を主とした単元を設定し，異年齢の小集団で学習を進めます。休み時間，給食の時間，掃除の時間等にも学習場面を個の教育ニーズや興味関心に応じて設定します。課題の例は，「地域の防災マップをつくる」「商店街活性化プロジェクト」「地域貢献活動」などが考えられます。これらの学習は能力育成がねらいで，リーダーシップ力，コミュニケーション力，グループによる課題解決力等を育てます。また，SST の場ともなります。発達障害のある子どもたちにとっては，具体的で，体験的で，異年齢の優しい集団で，興味関心に応じた，学びやすい場になる可能性があります。

　個々に応じた基礎学習と活用能力の習得が重要になってきます。個々に応じた基礎学習は，自宅や基礎学習クラスで PC やタブレットを使って，個人の進度で学ぶことが効果的です。個々に応じた基礎学習を通して，自分の認知特性に合った自分の学び方の発見をすることになります。教師は一人ひとりの認知特性をアセスメント（同時処理，継次処理，プランニング，注意，ワーキングメモリー等）し，効果的な学び方に気づくように助言をします。全員が同じように漢字を100 回書いて覚えるようなことは望ましくありません。また，自分の思考の特性も知ることになります。演繹的に考えるのか，帰納的に考えるのか，思考マップを効果的に活用できるのか等の自分の効果的な学び方，友だちの学び方を知ることにもなります。

　学び方だけではなく，自分のコミュニケーションや社会性の特性を知り，人とのつきあい方，グループワークへの参加の仕方等を学ぶ必要があります。この自己理解が他者理解につながり，「助け上手，助けられ上手」になります。自分は何が得意で，何が苦手なのか，難しいことはどうやって解決するのか，どのように人に助けを求め，どのように共存していくのか。自己を知り，年齢相応の解決方法を徐々に身につけます。

　活用能力については，多様な集団と場を活用し，問題解決に取り組ませます。基礎学習の場と活用能力を養う場を明確に分けることが必要です。教師は，活用の場では観察と評価を主とし，何が足りないのか，何につまずいているのか，メタ認知能力は育っているのかを把握します。

第 3 章　教師の専門性は教育課程づくり　35

グループワーク10

　新しい発想で教育課程を自由に考えてみよう。

第4章
インクルーシブ教育に向けた学校の5つのシステム

　今まで提案してきた，実態把握（アセスメント）や認知特性に応じた個人の学び方，教育課程の工夫などのほかに，通常の小中学校に在籍する支援を要する子どもたちの対応には，システムが不可欠です。このシステムについてこの章では提案します。小学校と中学校，高等学校の違いが明らかになります。

1節　小中高での子どもの成長にともなう，目標，支援方法と内容の違い

　小学校，中学校，高等学校では，「支援の提供の仕方」に違いがあります。図4-1の示すように，小学校では子どもの困り感も教員の困り感も顕在化します。それが，子どもの成長にともない小学校高学年と中学校では，子どもの困り感も教員の困り感も潜在化し，不登校等につながることが想定されます。高等学校ではさらに深刻化し，ひきこもり等につながることになるのです。

　小学校低学年ではアセスメントに基づき，教師主導での支援が中心となり，周囲もその支援を活用することになります。発達障害の子どもに有効な支援は，その他すべての子どもにとっても有効であるという論理が成り立つことになります。小学校低中学年では，一人ひとりの特性に合った学び方を習得させながら，自己理解を促進させ，自信をつけさせます。教師主導で集団のなかに位置づけ，ソーシャルスキルの習得と自己の学び方の気づきを促します。学習場面では各教科の内容より，すべての教科に共通する自分の学び方の学習が重要になります。より大事なことは，それ以外の場面（特別活動や総合等）を活用したソーシャルスキルトレーニングやコミュニケーションスキルの習得といえます。しかし，小学校高学年と中学校では，そうはいきません。特別扱いは難しくなります。本人の社会的成長を一番に尊重し，本人の自己理解に基づいた「本人からの援助要請」と「多様性に対する周囲の許容と寛容」とのバランスで支援の実施が左右されます。小学校高学年から中学校では，自己理解をさらに促進させ，「助けられ

第4章 インクルーシブ教育に向けた学校の5つのシステム 37

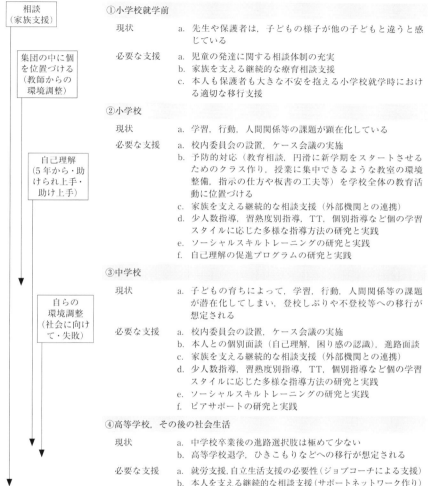

図 4-1　自力では解決することが困難な課題をもつ子どもに対する教育の現状と必要な支援

上手」と「助け上手」の関係を築かせます。自分自身の困り感をきちんと認識し，自ら援助要請を発信できるようになることが将来の長い社会生活の基礎といえます。そのためには，自己理解や進路に関する個別面談と学校全体で取り組むピアサポート等が必要な内容といえます。この大人への成長過程で，支援の内容と方法は，小学校のような教師主導から，本人主体へと移行していくのです。高等学校以降では，進路相談やジョブコーチ等による就労支援が重要となります。

38 | 第 1 部　見落としていること

表 4-1　ライフステージに応じた目標

相談：「困り感」をもつ子どもと保護者に寄り添った相談（家族支援）
集団：教師からの学級全体への環境調整を通して，集団の中に個を位置づける
自己理解：自分は何が得意で，何が苦手なのか。難しいことはどうやって解決するのか。もし，耐えられない状況になったら，どうやってクールダウンしてくるのかなど，自己を知り，年齢相応の解決方法を徐々に身につける
自らの環境調整：さらに，適切な自己理解を促進し，自らの環境調整を試み，進路と関連づけながら課題をフィードバックする

　今の通常学級に在籍し，自力では解決することが困難な課題をもつ子どもたちの多くは，学習，行動，人間関係などの課題に加え，家庭生活や保護者等との調整を必要とする課題が複合的に絡み合っています。それゆえ，医療，福祉，教育，労働等の機関連携と乳幼児期から卒業後までの一貫した相談と支援が必要となります。したがって，表 4-1 のように，ライフステージに応じた長期的な視点での，「相談（家族支援）」「集団」「自己理解」「自らの環境調整」という目標設定が求められます。

2 節　学校の 5 つのシステム

　まず，図 4-2 のように 2 つの基本的方針と 5 つのシステムを提案します。
　基本方針 1 について，子どもの，今の問題行動や問題状況ばかりにとらわれてしまうと，子どもも親も教員も，禁止や修正の関わりばかりで，苦しく辛いことになってしまう可能性があります。将来に向け，子どもの資源つまり得意なこと，子どもを囲む社会資源つまり学校以外の受け入れられている場所にも目を向けることが重要です。インクルーシブ教育は学校教育の課題ではなく，社会の課

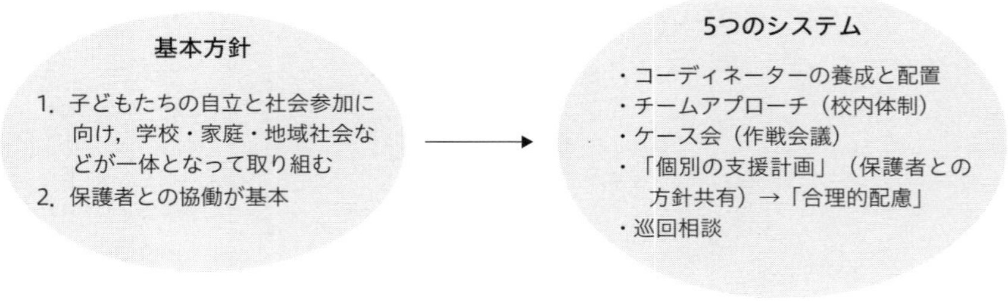

基本方針

1. 子どもたちの自立と社会参加に向け，学校・家庭・地域社会などが一体となって取り組む
2. 保護者との協働が基本

5つのシステム

・コーディネーターの養成と配置
・チームアプローチ（校内体制）
・ケース会（作戦会議）
・「個別の支援計画」（保護者との方針共有）→「合理的配慮」
・巡回相談

図 4-2　学校教育充実のための具体的システム

題であり，地域における共生社会づくりといっても過言ではありません。

　次に重要なことは，基本方針２の保護者との協働です。保護者と学校関係者との関係は，小さなきっかけで敵対してしまうことがあります。「保護者には言えないことがある」という理由で，保護者が加わることのないケース会が進むことが多くあります。初めが肝心です。「保護者」とともに始めることを基本としましょう。その上で，必要に応じて時には保護者には出席を求めないケース会の設定もあり得るということです。

　この２つの基本方針を踏まえた上で，さらなる学校教育充実のためには，図4-2の５つのシステムが必要です。

1．コーディネーターの役割

　コーディネーターの役割には，次の５つがあります。

（1）全校児童生徒の観察とオンザフライミーティング（気づきの促しと早期発見）

　コーディネーターは授業中，休み時間を問わず，校内を巡回し，児童生徒の観察になるべく多くの時間を費やしてほしいと思っています。筆者が教室でまず観察する点は「上履きがはけているかどうか」「フードかぶりをしているか」などです。

　１日の観察のあとは，担任とのオンザフライミーティング（雑談）です。「○○さん，最近フードかぶってるね」「○○さん，あくびが多いね」「○○さん，抜毛？」「○○さん，１人でいることが多い？」「○○さん，貧乏ゆすりしてたね」「○○さん，言葉がきつい？」「○○さん，あの練習問題はわかっていなかったね」「○○さん，漢字のテスト苦手？」「○○さん，板書を写すの遅いね」などのほか，「がんばっている様子」「変化したこと」といった情報提供をします。

　これらのオンザフライミーティングにより，学校全体の雰囲気が徐々に変わります。ただの雑談から，相互的な情報交換へと変わり，支援のアイデアを含む相互コンサルテーションに発展して，正式な相談も出始めます。その頃には，学校全体にクラスや学年を超えた全校児童に対する気づきの視点が広がり，活性化し，そして早期発見につながるのです。

（2）相互コンサルテーション（信頼関係）

　コーディネーターと担任とのオンザフライミーティングから，相互的な情報交換や相互コンサルテーションが始まります。一番大事なことは，「１人で悩まな

40　第1部　見落としていること

い」という土壌ができることです。コーディネーター，担任，学年主任の相互信頼関係が最強です。

(3) ケース会をリードする（事前準備，短時間の工夫，参加者のもち味を生かした具体的支援の決定）

　コーディネーターはケース会を主催します。ケース会は短時間で，効率的に実施されなければなりません。毎回の会の目的，参加者，話し合い，手法等が明確に設定されることが大事です。参加したメンバーが，自発的に自分ができることを述べる場となることが望まれます。

(4) 心理教育アセスメントの知識（WISC，K-ABC，DN-CAS，行動分析，運動発達など）

　コーディネーターはアセスメントの実施をする必要はありませんが，アセスメント結果の読み取り能力と理論に基づいた観察能力は必要となります。

(5) 学校全体の心理教育的援助サービスシステムの構築（予防的かつ開発的支援，一次〜三次的援助サービス，学校スタンダード，校内研究）

　障害の有無にかかわらず，すべての子どもが対象です。すべての子どもの「教育ニーズ」に直接，間接を問わずに働きかけること，苦戦してしまう状況を自力で解決することが難しい子どもたちに働きかけることが必要です。

　学校心理学では，子どもに対する援助を，不登校，いじめなどの問題で分類するのではなく，子どもが求める援助の程度に応じて3段階に整理します。後述の「3節　基本的な心理教育援助サービス」で詳しく述べます。

2．チームアプローチ

　石隈・田村（2003）は援助チームの3つのタイプについて述べています。担任・保護者・コーディネーターからなる「コア援助チーム」（図4-3）は，機動性と柔軟性が利点です。「拡大援助チーム」は子どもにとって必要な援助・情報資源（養護教諭や部活顧問，カウンセラーなど）を加えたチームです。「ネットワーク型援助チーム」は広く援助のネットワークを求めます。外部機関（SSWなど）の援助資源も取り入れる必要があります。

3．ケース会

　ケース会の目的，メンバー，頻度などは次の4つの視点のレベルによって変化します。コーディネーターはケース会をリードします。

援助チームの目的

学校生活（学習面，心理・社会面，進路面，健康面）におけ
る，子どもの問題の解決の援助と発達の促進を複数の援助者
で行う。

援助チームの活動内容

子どもの援助ニーズ，及び自助資源（強いところや潜在能力
など）と援助資源を把握する。このアセスメントに基づい
て，援助チームで実行可能な案をつくり，実施する。

援助チームの構成員

担任，保護者，コーディネーターを核として，必要に応じて
他の先生や援助者が加わる。

図 4-3　コア援助チーム（石隈・田村，2003）

（1）ニーズレベル

　「ニーズレベル」とは，児童生徒の「困り感」がどこにあるのかということで
す。「算数の学習」「板書が写せない」「読みが難しい」「休み時間の人間関係」
「家での生活」「地域のサッカーチーム」など，どこに困っているのか，すべてに
困っているのか，原因はどこにあるのか。それによって，必要な情報も必要なメ
ンバーも変わってきます。

（2）緊急度レベル

　「緊急度レベル」とは，危機介入が必要なのかどうかということです。

（3）連携レベル

　「連携レベル」は，内部・外部にかかわらず，どのような情報が必要で，どの
ような支援が必要なのかによって変わります。

（4）継続レベル

　「継続レベル」は，集中的に取り組み解決するのか，長期にわたって継続する
必要があるのか，月1回でよいのか，中断してもよいのかをケースによって判断
することになります。

4．個別の支援計画（合理的配慮）

　医療・福祉・労働・教育すべてが連携して，子どものニーズに応じて支援する
ことになります（図4-4）。これは，障害の有無ではなく，また，不登校，いじめ
などの問題別でもなく，変化する子どもの困り感に対応することが求められま

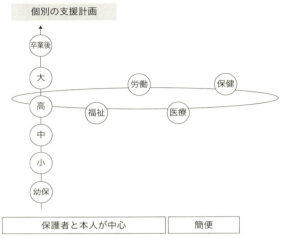

図4-4 「個別の支援計画」における支援の2つの軸

す。子どもの困り感の原因は複合的であり、縦と横の糸が複雑に絡み合い、長期的で、解決が困難な場合が多くあります。だからこそ、このような連携で、見守り続けることが一番重要です。

また、それらの支援のベースとして合理的配慮があります。「合理的配慮」とは「障害者の権利に関する条約」に「障害者が他の者と平等にすべての人種及び基本的自由を享有し、又は行使することを確保するための必要かつ適当な変更及び調整であって、特定の場合において必要とされるものであり、かつ、均衡を失した又は過度の負担を課さないものをいう」と定義されています。子どもの困り感が予想される場面での原則的にベースとなる対応の方法といえます。例えば、聴覚障害者への説明では、手話通訳者をつけるということです。話し言葉による一斉指示では理解が難しい発達障害児には、個別に話すか、視覚的情報も合わせて提供するようなことが合理的配慮にあたります。詳しくは実践事例6-4（p.117）で説明します。

5. 巡回相談

専門家による巡回相談では、ケース会等でのアセスメントの読み取りや具体的支援策へのアドバイスが有益です。しかし、ケース会でのアドバイスの繰り返しでは、学校組織の向上にはつながらないことが多くみられます。モグラたたきの

ようにケースへの対応が繰り返されるだけで，学校組織に解決力がつかないということです。巡回相談に派遣される専門家の役割は，管理職や組織に対してのコンサルテーションが重要です。学校を変えるために，コーディネーターへの戦略助言やスーパーバイズを通じての，コーディネーター自身のストレス軽減も重要な役割の1つです。

3節　基本的な心理教育援助サービス

　石隈・田村（2003）は，子どもに対する援助を，不登校，いじめなどの問題で分類するのではなく，子どもが求める援助の程度に応じて「一時援助サービス」「二次的援助サービス」「三次的援助サービス」の3段階に整理し，学級，学年，学校全体での取り組みを推進することとしています。

　この一次から三次の援助サービスによい実践を位置づけ，目的を明確にするだけで，大きな力となり，一貫性と継続性が生まれ，組織的に構造化されるのです。

　具体的にそれぞれの援助サービスをみていきます。

　石隈・田村（2003）は，「一時援助サービスは，すべての子どもの援助サービスに応じるものです。入学時の学校生活への適応や，友だちをつくるスキルの開発など，学級や学年の子どもが共通してもつ援助ニーズに応じるために，入学後の丁寧なガイダンスや，学級での構成的グループエンカウンターなどを行います。一次的援助サービスは，担任の先生らによる日頃の教育活動であり，開発的・予防的な活動です」（表4-2）と述べています。この活動の中には「下駄箱の

表4-2　すべての子どもへの一次的援助サービス

Key Word	開発的・予防的援助
例	入学時のオリエンテーション，ガイダンス，適応感
	学習スキル
	人間関係スキル
	構成的グループエンカウンター，Q-U（楽しい学校生活を送るためのアンケート，満足度と意欲，さらに学級集団の状態を調べる）
	環境の構造化
	視覚化，習熟度別少人数指導，TT
	あいさつ運動
	ソーシャルスキル，アサーショントレーニング
	定期的生活アンケートなど
	縦割り活動など

使い方」「発言の仕方」「ノートの取り方」など学習や生活のルールや「○○小スタンダード」などが含まれています。

「二次的援助サービスは，配慮を要する一部の子どもの援助ニーズに応じて，一次的援助サービスに加えられる援助です。例えば，登校しぶりが始まった子どもや友だち関係で辛い出来事が起きた子どもに対する早期の危機対応や，転校生など問題を抱えやすい子どもに対する予防的な配慮のために，学級環境の調整（例：席決めや班決め）や声かけなどを行います。二次的援助サービスは，子どもの苦戦が大きくなって，子どもの発達を妨害することを予防することを目指します」（石隈・田村，2003）と述べ，この段階では，早期発見と早期対応が重要で，全校を見渡す，担任以外の目が必要になります（表4-3）。

「三次的援助サービスは，特別に個別の援助を必要とする特定の子どもに対する援助サービスです。長期欠席中の子どもや障害のある子どもに対して，個別の教育計画に基づいた援助を行います。三次的援助サービスは，一次的・二次的援助サービスも含まれた総合的な援助です」（石隈・田村，2003）と述べています（表4-4）。

学校は，子どものために効果的なたくさんの実践を行っています。ただその実践が，あるクラスだけ，またはある学年だけ，あるいはただ続けているだけなどの状況に陥っています。よい実践の1つひとつを意味づけ，位置づけることが重要です。

表4-3　学校生活で苦戦し始めた子どもへの二次的援助サービス

Key Word	早期発見・早期援助
例	一部の子どもを対象
	登校しぶり・学習意欲の低下に関する援助
	転校生への予防的配慮
	学級環境の調整（席決めや班決め）
	実態把握のためのシート作り
	スクールカウンセラー，心理職の活用
	課外での学習支援など

表4-4　大きな援助ニーズをもつ子どもへの三次的援助サービス

Key Word	特別の援助
例	「相談室登校」「保健室登校」サポート体制
	長期欠席中の子どもへの援助
	不登校・いじめ・学習障害
	「個別の支援計画」「個別の指導計画」作成など

4節　チーム学校

　今まで，日本の学校は教師という専門職が大多数を占めていました。しかし，子もの多様化，課題の多様化に対応するためには，他の専門職とともに対応することが求められる時代になりました。「チーム学校」に必要な多様な専門人材は，スクールカウンセラー，スクールソーシャルワーカー（SSW），心理職，言語聴覚士（ST），作業療法士（OT），理学療法士（PT）等です。

　ただ，未だに，学校は他職種との連携が未熟かもしれません。「児相は何もしてくれない？」「スクールソーシャルワーカー？　よくわからない」という言葉を耳にします。教師以外の専門職との連携においては，自分の専門性を確立し，相手の専門性を熟知する必要があります。「よくわからない」ではなく，相手の専門性を理解するには，自分の専門性を熟知するところからしか始まらないのではないでしょうか。

　教師の専門性とは，次の3つと考えます。

　①30年後の社会を分析し，そこを生きるための能力を育成するための教育課
　　程づくり
　②集団を活用し，個を育てる
　③子どもの一部分ではなく，子どもを取り囲む環境すべてを含め，総合的にみ
　　る

　次節にて，スクールソーシャルワーカーの基本と成果，課題について学びます。さらには，校務分掌に，専門職をきちんと位置づけた新たな学校組織が求められます。旧態依然とした教員だけの役割分担組織からの脱却がなければ「チーム学校」は遠い存在といわざるを得ません。

グループワーク11

　教師の専門性について考えてみよう。

5節　スクールソーシャルワーカーの取り組み

1．スクールソーシャルワーカーの職務内容と大切にすべき視点

　学校教育の根幹は，児童生徒の人間形成と学力育成を図るために機能することです。学校は，社会状況の変化，時代の価値観，学力観の変換に大きな影響を受けますが，教育機関としての揺るぎない基盤を保ち，時代に求められる役割を果たしながら，社会的に機能していく必要があります。学校現場において，支援を必要とする児童生徒が置かれている環境を改善していくためには何をすればよいのでしょうか。スクールソーシャルワーカーは，どのようなスタンスで現実にコミットしていけばよいのでしょうか。ソーシャルワーカーは，社会的弱者の置かれている状況に関与し，社会的正義を実現するための実行者であるという原点に鑑みると，まずは弱者である児童生徒の側に焦点を当て，そのニーズを核としながら，教育保障を妨げている社会，生活環境を改善するために，学校・家庭・地域・関係機関と協働して環境の調整を行う役割を担って活動することが求められます（図4-5）。

　神奈川県教育委員会「スクールソーシャルワーカー活用ガイドライン」（2001年）では，スクールソーシャルワーカーの職務内容の主たるものとして，「問題を抱える児童生徒が置かれた環境への働きかけ」「関係機関とのネットワークの構築，連携・調整」「学校内におけるチーム体制の構築，支援」「保護者，教職員等に対する支援・相談・情報提供」「保護者，教職員等への研修活動」を提示しています。ソーシャルワークを行うにあたり大切にすべきこととしては，「児童生徒の権利最優先」「児童生徒本人の自己決定を尊重する姿勢」「エコロジカル（生態学的）視点」「ストレングス視点」「学校教育制度の理解」「秘密の保持」をあげています。ストレングス視点とは，問題をとらえる際に，児童生徒が本来備えている強み（問題解決への資源や内的な力）に焦点を当てて，その強みをさらに高める働きかけ（エンパワーメント）を行い，改善に向けての方向性を思考し支援を展開していくという視点です。こうしたエコロジカル視点やストレングス視点といった，福祉の考え方，価値観で現状の課題をとらえてみること，問題の改善策や支援方法を思考してみることから，教育と福祉の協働がスタートします。児童生徒の個別性や特性を尊重し，成長・発達を促進するための環境への適応についてともに悩み，考えることが，学校臨床での社会福祉の視点に立った具

第 4 章　インクルーシブ教育に向けた学校の 5 つのシステム

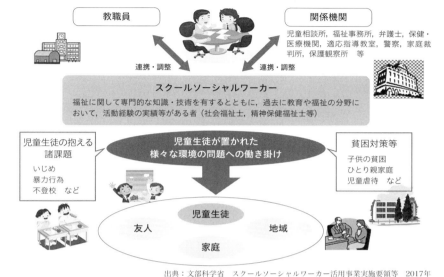

図 4-5　スクールソーシャルワーカー活用事業

体的な支援展開に結びついていきます。

2．スクールソーシャルワーカー事業の展開と現状

　スクールソーシャルワークとは，子どもの最善の利益を保証するために，学校を基盤として社会福祉（ソーシャルワーク）の価値・知識・技術に基づいて実践される支援活動です。スクールソーシャルワークが大きな転換期を迎えることになったのは，文部科学省が平成 20（2008）年に調査研究事業として開始した「スクールソーシャルワーカー等活用事業」からといえます。その後，変遷を経て，2017 年には，文部科学省はスクールソーシャルワーカーの職務内容として，「ソーシャルワークの価値・知識・技術を基盤とする福祉の専門性を有する者として，不登校，いじめや暴力行為等問題行動，子供の貧困，児童虐待等の課題を抱える児童生徒の修学支援，健全育成，自己実現を図るため，児童生徒のニーズを把握し，関係機関との連携を通じた支援を展開するとともに，保護者への支援，学校への働き掛けおよび自治体の体制整備への働き掛けに従事すること」を示しました。

教育相談機能の整備・強化に向け、平成31年度までに、原則として、スクールカウンセラーを全公立小中学校に、スクールソーシャルワーカーを全中学校区に配置予定。

● スクールカウンセラー等活用事業　平成29年度予算額4,559百万円　（平成30年度概算要求額 4,806百万円　補助率：1/3
[スクールカウンセラー]
児童生徒の心理に関して高度に専門的な知識及び経験を有する者（臨床心理士等）
学校教育法施行規則　第65条の2
スクールカウンセラーは、小学校における児童の心理に関する支援に従事する。
[目標]平成31年度までに、スクールカウンセラーを全公立小中学校（27,500校）に配置
（ニッポン一億総活躍プラン）
（ひとり親家庭・多子世帯等自立応援プロジェクト）
H30 27,500校

● スクールソーシャルワーカー活用事業　平成29年度予算額1,842百万円　（平成30年度概算要求額1,258百万円）補助率：1/3
[スクールソーシャルワーカー]
福祉に関して専門的な知識及び技術を有するとともに、過去に教育や福祉の分野において、活動経験の実績等を有する者（社会福祉士、精神保健福祉士等）
学校教育法施行規則　第65条の3
スクールソーシャルワーカーは、小学校における児童の福祉に関する支援に従事する。
[目標]平成31年度までに、スクールソーシャルワーカーを全ての中学校区（約1万人）に配置
（ニッポン一億総活躍プラン）
（ひとり親家庭・多子世帯等自立応援プロジェクト）
H30 8,000人

※（　）は前年度

〈学校・教職員（養護教諭等）〉

① 全公立小学校に対する配置（週1日）
通常配置【35週＊3h＊1日】17,500校(16,000校)
9,500校(9,600校)
小中連携型配置【35週＊4h＊1日】8,000校 (6,400校)

② 全公立中学校に対する配置（週1日）
通常配置【35週＊4h＊1日】10,000校(10,000校)
小中連携型配置【35週＊4h＊1日】5,800校(3,200校)
公立中学校週5日体制の実施【35週＊4h＊5日】4,000校(3,200校)　200校(200校)

③ 貧困・虐待対策の重点配置（週1日追加）【35週＊4h＊1日】1,000校(1,000校)

④ 不登校支援のための教育支援センターの機能強化（週1日）【35週＊4h＊1日】250箇所(250箇所)

連絡協議会の開催等を通じた質向上の取組

〈教育委員会等〉

(1)小学校のための配置（週1日追加）【48週＊3h＊1日】8,000人(5,000人)

(2)貧困・虐待対策の質向上の取組【48週＊3h＊1日】1,000人(1,000人)

(3)高等学校のための配置　47人(47人)【48週＊3h＊3日】

(4)質向上のためのSV配置　47人(47人)【48週＊3h＊5日】

〈福祉関連機関〉

（家庭）

※支援が必要な学校に弾力的に派遣できるよう、地域の実情に応じ、教育委員会配置方式も推進。

図4-6　スクールカウンセラー・スクールソーシャルワーカーによる教育相談体制の充実

出典：文部科学省　学校における教育相談に関する資料　2016年

配置の際には，専門性を十分に発揮できるように勤務体制や環境等を整備することの必要性やスーパーバイズの重要性も明記されました。さらに，図4-6 に示すように，スクールカウンセラーおよびスクールソーシャルワーカーと連携した教育相談体制の充実を図るために，国においては，平成31（2019）年度までにスクールカウンセラーを全公立小中学校（27,500校）に，スクールソーシャルワーカーを全中学校区（約10,000人）に配置することを目標として掲げました。また，都道府県・指定都市・中核市の教育委員会はさらなる配置促進に努めるように示されました。今後も，スクールソーシャルワーカー事業は推進，拡大傾向となるでしょう。しかし，スクールソーシャルワーカーの配置人数や資格，勤務形態は，各自治体の規模や予算等によってさまざまであるのが現状です。

主な配置体制としては，教育委員会から担当校に配置され，学校を拠点として活動を行う「配置型」，教育委員会に所属して，学校からの派遣依頼を受けて活動を行う「派遣型」の2種類があります。配置型では，校内支援体制へのコンサルテーションや連携システムづくり，情報共有が円滑に進みやすいといったメリットがあります。派遣型では，学校だけでは支援が難しい事案に対して，教育委員会と綿密に連携し，各種の社会資源等を活用した包括的な支援展開を図りやすくなります。2つの配置体制を組み合わせている自治体もあります。

教育現場への社会福祉の専門性導入という画期的な施策ですが，その専門性や権限性，機能や役割，活用方法への理解が深まっていないのが課題です。文部科学省は，スクールソーシャルワーカーの積極的活用を標榜する事業展開を目指しています。スクールソーシャルワーカーの専門的な見立てや支援・援助スキルがチーム学校の一員としてより求められることになります。効果的活用や協働のためには，スクールソーシャルワーカーの専門性への正しい理解と各自治体の現状に合わせた配置や活用方法のシステム構築が必須となります。

3. インクルーシブ教育の現状と課題

日本における障害児教育の理念は，特別支援教育の制度化により，インクルージョンを基本とするものとなりました。学校現場では，スクールカウンセラーやスクールソーシャルワーカー，特別支援教育コーディネーターなどの人材を配置することで，支援教育の制度的な枠組みは整備されつつあります。また，国の指針では，インクルーシブ教育の推進が喫緊の課題として掲げられています。しかし，ようやく緒についた支援教育制度の現行システムでは，専門性を有した人の

配置に留まり，その専門性と機能性がうまく絡み合って，学校教育における共生コミュニティの構築にいたっているとはいえません。こうした背景には，教員を含めたそれぞれの専門性に基づいた活動を総体的に支えるシステム構造が十分ではなく，専門職間の相互作用を包括的にとらえ，効果的な支援として具現化できていないことが要因としてあげられます。結果として，複雑で多様化する児童生徒の社会福祉的課題に対応できていない実態があります。貧困や虐待など家庭環境の個別性については，教員がその実態を把握することは容易ではありません。若手の教員では，生徒指導や支援に関する知識を備えていても，自分が対処すべき現実の問題として体験したことがないため，有する知識が実際のサポートに役立つかどうかはわかりません。また，ベテランの教員は，有する知識の多寡や経験値の違いにより，課題を抱える児童生徒への対応は，十人十色であるのが現実です。現場に立つ教員の実態はさまざまであり，管理職もまた経験値は一様ではないことから，児童生徒一人ひとりの教育福祉的ニーズに適した指導・支援につながっていないことが大きな課題です。

　スクールカウンセラーや特別支援教育コーディネーター等が学校現場に配置され，心理・教育相談的な支援の考え方が学校現場に根づくのにも相当な時間を要しました。今また「社会福祉の視点に立った支援」が広く求められるようになり，スクールソーシャルワーカーが学校現場に配置されるようになりましたが，なかなか理解が進みません。文部科学省をはじめ，各自治体の教育委員会は，スクールソーシャルワーカー活用のためのマニュアルを用意しています。マニュアルにより，徐々に知識を得つつありますが，知識や理論を現実的な支援に結びつけることは容易ではありません。支援を必要とする児童生徒の状況や背景を正確に把握して，環境調整が円滑に進むようにするため，教員はスクールカウンセラーやスクールソーシャルワーカー，学校外の専門家と積極的に協働して実践的に各種の専門的視点に立った支援方法について学ぶ必要があります。

4. エコロジカル視点の必要性

　文部科学省は，スクールソーシャルワークが従来の施策と異なる点として，児童生徒との「関係性の枠組みの違い」，児童生徒の問題を個人の病理としてとらえるのではなく，「環境との不適合状態」としてとらえるという点を提示しています。無力あるいは非力な子どもを大人が指導，教育するという関係性の観点から対応や支援を考えるのではなく，スクールソーシャルワークでは，子どもが本

来備えている可能性を導き出し，子ども自身が主体的に望んだ環境で生活できるように，児童生徒，保護者，教員，学校関係者等が協働して環境調整を図っていくという関係性が重要となります。まず，問題発生の要因や責任を児童生徒個人に求めるのではなく，人と環境との関係性においてとらえます。この考え方は，「エコロジカル視点」とよばれるソーシャルワークにおける理論的な枠組みです。問題を因果関係論や病理治療モデルのみでとらえて支援を展開するのではなく，児童生徒を取り巻く環境との相互関係や影響に着目し，環境への適合状態と問題との関連性において支援の方策を考え，環境に働きかけて調整を行います。調整のプロセスにおいては，児童生徒の人権擁護に留意し，自己決定を尊重する姿勢を保ち，自らの人生を幸福に生きる力を培うことのできる環境への変容を目標とした，関係機関とのネットワーク構築，連携，協働のための調整機能が必要となります。スクールソーシャルワーカーは，そうした機能を果たしながら，学校での支援活動を展開していく役割を担っています。

5．社会資源に関する理解

　人間の発達や教育は，自然，物理的な環境のみではなく，文化や歴史，社会的，宗教的な環境と深く影響し合って成り立っています。日々，児童生徒に接している教員は，このことを踏まえて，児童生徒が置かれた環境改善の働きかけを行っていくことで，より充実した教育活動を営んでいくことが可能となります。

　社会的弱者に寄り添って活動することを基盤とするソーシャルワークは，その援助過程で社会資源を活用して，各種の支援ニーズに応えていく役割があることを抑えておく必要があります。例えば，児童生徒や保護者との面接，家庭訪問，クラスなど集団内での問題を調整するグループワークなどの「直接的支援」があります。また，ケースの情報収集や支援のためのアセスメント，プランニング，教職員へのコンサルテーションなどの「間接的支援」もあります。いずれにおいても，丁寧な情報収集やリサーチ，ニーズに合わせて学校の対応や組織を調整・変革していく活動も必要になってきます。

　児童生徒自身と関連する社会，生活環境システムの双方に働きかけ，適応状況をつくっていくためには，多様な関わりが必要となり，「社会資源」の活用が求められることになります。スクールソーシャルワーカーには，数多くの多様な社会資源の知識を有し，状況に応じて効果的に資源の機能活用を行い，児童生徒，家庭，社会，学校等の相互関係がスムーズに展開するように調整し，支援方法を

開拓していく能力が必要であるといえます。

6. チーム体制の構築・支援

　児童生徒の生活に根ざしたソーシャルワークの発展にあたっては，学校現場の管理職や教員，スクールカウンセラーなどの職域によって異なる知識や経験や能力を持ち寄り，スクールソーシャルワーカーを含めてチームとして課題解決にあたらなければなりません。その際，管理職は，チーム全体の状況を見極めて，効果的，友好的に機能できるように留意する必要があります。

　チームは，ともに迷い・悩む存在としての共同体でもあります。それぞれが自分の役割と限界をわきまえ，情報を効果的に共有して，具体的支援策を策定します。そして，現状で可能な支援に取り組んでいき，問題発生の要因除去を目指します。チームメンバーは，お互いの専門領域を尊重した上で，実務連携の中で相互理解を深めていくことが重要です。対人援助については，効率性や合理性だけが重要なこととは限りません。支え合い・育ち合い・誠意や共感という視点を大切にお互いの専門性や人間性に基づく価値観を理解していくことが必要です。

　教員は，児童生徒の変化に気づきやすい立場にいます。そして，教育的観点から，児童生徒や家庭に対して働きかけます。スクールカウンセラーは，カウンセリングや心理学的な知見に基づくアセスメントやコンサルテーション，児童生徒への心理教育活動の実施など，主に校内の有用な支援資源としての役割を担っています。スクールソーシャルワーカーは，児童生徒，教員，保護者，地域の関係者に接点と多面的な目的をもって業務に携わります。社会福祉の専門的な知識や援助技術を活用して，課題や支援を要する児童生徒を発見（アウトリーチ）することや，支援ニーズをアセスメントして問題の改善に適した支援プランを提示します。プランが効果的に実行されているのかをモニタリングして評価することも重要なプロセスとなります。評価測定の結果を検証して，プランの見直しを行い，状況に応じて常に最善の支援が提供できるように努めます。ケース会議における教員への支援に関する助言や関係機関との具体的な連携方法や連携先の情報提供，活用可能な社会制度や資源についての情報提供は支援対象の児童生徒や保護者の実態把握や環境変化に常に連動している必要があります。

　学校は，1人の児童生徒に関する情報を雑多なまま複数の教員が断片的に所有していることが多いのが現状です。児童生徒への支援に際して，チーム支援としてさまざまなレベルでのネットワークが広がりつつありますが，学校における

「チーム学校」という支援組織の原理は，まだまだ浸透していません。今後は，チーム形成に際してのコーディネートの役割をスクールソーシャルワーカーが担っていくことも期待されています。

7．ソーシャルワークの目指すもの

国際ソーシャルワーカー連盟（IFSW）が，平成12（2000）年7月に定めたソーシャルワーカーの定義は，次のようになっています。

ソーシャルワークの専門職は，人間の福利（ウェルビーイング）の増進を目指して，社会の変革を進め，人間関係における問題解決を図り，人々のエンパワーメントと解放を促していく。ソーシャルワークは，人間の行動と社会システムに関する理論を利用して，人々がその環境と相互に影響し合う接点に介入する。人権と社会正義の原理は，ソーシャルワークの拠り所とする基盤である。

この定義を踏まえ，学校におけるソーシャルワークの実践を考えると，トータルヒューマンサービスとしてのスクールソーシャルワークの価値とインクルーシブ教育システムの構築ならびにインクルーシブ社会の構築がつながってきます。教員とスクールソーシャルワーカー，それぞれに有する専門性は異なっています。だからこそ，お互いに相手を尊重して，職務上の目標が同じであることを確認することから協働のステージが形成されます。すなわち，「児童生徒一人ひとりの個性を大切にする」「児童生徒の関心・意欲を大切にする」「学校と家庭・地域とのパートナーシップ」といった点では，教員とスクールソーシャルワーカーとの同僚性が確認できます。スクールソーシャルワーカーがチーム学校の一員として浸透した後には，学校における福祉教育や人権教育の担い手として，児童生徒のみならず教員の意識の変容を導き出す役割も期待できます。

第2部

インクルーシブ教育に向かう

実践事例

第5章
教師の仕事は多様な学び方の支援
―実践を通して―

　本章では，教師の学び方の支援についての実践事例を4つ紹介していきます。

　実践事例5-1では，学校研究を学校経営の中心に据え，すべての教科に共通する「褒める」「動機づけ」「意欲づけ－共感」について実践的に研究し，全職員のものとしたことがすばらしい具体例を紹介します。しかも，体育科という，教員も子どもにも具体的で，わかりやすい教科であることが効果をさらにアップさせています。困り感のある子どもにとっては，抽象的な内容より，具体的に見え・体感し・理解しやすいのでしょう。また，苦手な部分を個々に応じた具体的な手立てで軽減することもでき，その成功が他の教科や場面へ良い影響を与えることは当然といえるでしょう。

　実践事例5-2，実践事例5-5では，小学校と高等学校の通常学級でのICTを活用した支援事例を紹介します。ICTのリテラシーは，大人でも，子どもでも，障害があってもなくても，これからはさらに必要不可欠となります。LD，ADHD児等の認知特性への合理的配慮の観点からも，学校現場を「ICT」「IoT」を活用した多様な学び方を受け入れる土壌にする必要があるでしょう。21世紀型スキルでは，働くためのツールとして，情報リテラシーとICTリテラシーが位置づけられています。教科横断的に，一人ひとりの学び方や学びを深めるツールとして必要とされています。今後も，情報リテラシーとICTリテラシー実践が増えることを切に望みます。

　実践事例5-3，実践事例5-4では，理論に基づいた実態把握（アセスメント）から出発し，一人ひとりに適した学習方法を提供しています。本人の学習方法を共に探し，定着させ，一生涯活用できるようにさせることこそがインクルーシブ教育の根幹です。教師に求められる専門性は，認知や知能，学習の理論の深い理解と理論に基づいた観察と学び方の提供です。さらには子どもの傾向を捉え，子どもが間違いやすい傾向を分析し，注意すべき点を想定しただけでなく，それに子ども自身が気づき，活用できるようにしたメタ認知の指導といえるでしょう。

| 実践事例 5-1 | 運動との幸福な出合いが生きる力を育む |

1　インクルーシブ社会のファーストステップ

　インクルーシブ教育とは，インクルーシブな社会をつくり，その社会を支える人を育てることであるといえます。それは，子ども一人ひとりの良さを活かし伸ばしていく教育を具現化することであると言い換えてもよいと思います。ここでは，横浜市立蒔田小学校での取り組みを紹介します。

　蒔田小学校では，学校づくりの第一段階として子どもたちの自己肯定感を向上させることを目標に掲げました。自分に自信がもてず，もっている力を十分発揮しきれていない子どもたちの実態が，学力・学習状況調査等から浮かび上がってきたからです。

　そこで，「体育科」と「特別支援教育」を校内重点研究として取り上げることにしました。理由は，学習環境整備やスモールステップによる指導成果が子どもも教師も実感しやすいこと，教師の褒め言葉で子どもに自信をもたせ力を伸ばすことができること，子どもが自分の体や心を見つめる学習活動であること，そして何よりも学べば学ぶほど「楽しくなる」ことです。

　授業に際して，どんな場面でどのように「褒める指導」を行うかを基本テーマに据えました。具体的には，事前にさまざまなつまずきを想定し，それに対してどのように褒めて成長させるかを考え計画を立てること，子どもたちが目標を達成させる道筋をスモールステップ化して，その都度褒める機会を設けること，学習環境をユニバーサルデザイン化して，どの子も自分の取り組む内容をつかみやすくすること，運動量が十分確保できる時間配分と意欲が持続する授業展開を考えること，導入時には既習の内容や誰でもできる活動から始め意欲づけを行うこと，といった視点で知恵を絞りました。

2　お手本は「動機づけ－意欲づけ－共感」の順で

　体育科の授業で，教師が指名した子どもの動きをクラス全員に見せる場面がよくあります。この「お手本」は，具体的な動きを見せることで目指す動きやポイント指導する方法ですが，いったい何のために「お手本」を見せているのかわからない場面に出くわすことがあります。あたかもそれが体育科授業の「きまり事」でもあるかのように，形式的でその意図が伝わってこないことがよくあります。

　そこで，「お手本のやくそく」を教職員間で共有することにしました。

1.「お手本」は，子ども全員が必要な時だけ，意図的計画的に行うこと
2.「お手本」の子どもは，学習の習熟度を踏まえて選ぶこと

3.「お手本」を見せた後，必ず学んだことをもう一度やらせてみること

特に 2. は，子どもの成長に合わせた指導をするという意味で重要です。

【動機づけ】（単元の始め）

単元の導入段階では，技能的に中程度，つまりほとんどの子ができるレベルの子に「お手本」をしてもらい学習のポイントを指導します。見ている子どもたちに，自分も同じようにできるという安心感をもたせ，技能的ポイントを自分事として伝えやすいからです。

【意欲づけ】（単元の中）

単元の中盤――自分や友だちの力が学習を通して高まってきたことが実感できるようになってきた段階では，より技能の高い子の動きを見せます。問題解決を積み重ね，学び方が身についてきたこの時期の子どもたちは，より高いレベルの「お手本」を見ることで，さらに上達するためのポイントを（ミラーニューロンを活性化させながら）目で学び，それを体で表現しようとします。これによって，頭打ちになってくる意欲をもう一度高め，やればできるという期待感や自己肯定感も高まってくるようになります。

【共有・共感】（単元のまとめ）

単元のまとめの時期には，技能的に中，上位レベルの子どもだけではなく，単元導入時には技能が低かったり，障害など何らかの原因でうまく運動に取り組めなかったりした子どもの成長を取り上げ，本人の努力や友だちとの学び合いを認め賞賛する場とします。そして，この単元で学んできた力を全員でふり返り共有，共感し合う場とします。

そうすることで，自分の成長だけでなく一緒に学んできた友だちのがんばりを認め合い，一層自己有用感が高まることが期待されます。

こうした取り組みの結果，3 年生の跳び箱運動で，約 7 割の子どもが「かかえこみ跳び」で跳び箱を跳び越せるようになったという実践があり，子どもたちだけでなく担任も大いに自信をもつことができました。また，他の教科の授業が活性化してきたという報告も届いてきました。

3　運動との幸福な出合いの場をつくる

体育科学習指導要領の総則で「生涯にわたって健康を保持増進し，豊かなスポーツライフを実現する資質・能力を育成することを重視する」と基本的な考え方が示されています。その意味で小学校の体育科学習は，スポーツライフのファーストステップととらえることができます。そして，すべての子にも運動との幸福な出合いさせていくことが指導者に求められます。それは，自己肯定感を高めることにもつながるはずです。

この考えを具現化するために，次のような実践に取り組みました。

現場レポート1　ボールゲームの楽しさはボールに触れことから始まる

　ボールゲームは，文字通りボールを手や足で操作して勝敗を競うことを楽しむ運動です。ところが，低学年のうちからサッカーさながらに1個のボールでゲームをする授業を見ることがあります。当然ボール操作に長けた子どもが中心となり，場合によってはほとんどボールを触ることができない子どもも出てきます。

　そこで，「ボール運びゲーム」を低学年の教材として取り上げました。全員がボールに触ってゲームを楽しむ教材です。

　センターラインに児童数分の柔らかいボールを置き，双方のゴール－陣地に待機している子どもたちが合図と共にボールを取りに行き，蹴って自分のゴールに入れた数を競います。時間が経つにつれてボールの数は減っていき，様相は，「ボール運び」から「ボールの攻防」に変化してきます。全員がボールを蹴る楽しさからはじまり，次第にボールを巡って攻防する楽しさにゲームの楽しみ方が変化していきます。

　ゲームを繰り返すうちに，「相手のゴールにボールが入らないように邪魔したい」「相手のゴールにボールを入れるルールにしたい」「強くボールを蹴りたい」といった思いや願いが生まれてきます。教師はそのタイミングをとらえて子どもたちと話し合い，教材のねらいと照らし合わせながら，技能のめあてを助言したり，ルールを工夫したり，作戦のヒントを与えたりします。こうして楽しみ方を広げていき，運動との幸福な出合いをつくっていきました。

現場レポート2　どの子もみんな「できた」を実感できる環境づくり

　「あっ，惜しい。」あと少しで跳び箱を跳び越せそうな子どもに，期待と励ましの気持ちをもって投げかけた教師の言葉です。でもその意に反して「できなかったね」と受け取ってしまう子が少なからずいます。だからこそ，今ある力を認め，次に目指す目標をもたせる「褒める指導」が求められます。

　そこで，跳び箱の台上に，赤，黄色，青，3本の線を描きました。跳び箱の上に乗ったとき，「黄色に乗れたね」と，できたことを褒める目安です。そして「次は青い線を目指そう」と本人とペアの子に伝え，技能的ポイントを指導します。

　跳び箱を跳び越すことができず尻込みしていた子どもに，今もっている力をまず認め，それから「次のできそうな目標」を示すことでやる気を喚起する支援ツールです。もちろん教師側は，この小さな「できた」の積み重ねから跳び越すまでの道筋を理解し計画して

おく必要があります。

　一緒に学習している子の視点が「〇〇さん，何色を目指している」と具体的なアドバイスができ，学び合いを活性化する効果もあります。

　このような学習環境づくりは，特に目新しい取り組みではありませんが，全職員でつくっていくことを通して，スモールステップで褒める考え方を浸透させていくことができたことは大きな成果でした。その結果，体育科学習だけにとどまらず，他教科等にもこの3色活用の輪が広がっていきました。

現場レポート3　自分の活動に見通しをもつ

　これからどのような授業をするのかがわからないと，発達に偏りのある子どもだけでなく，運動が不得意だと思っている健常児も授業に不安感をもちます。その解決策として，授業展開の見える化・ルーティン化や，子どもが立てる学習計画に取り組みました。

　紙数の関係で詳細は紹介できませんが，子どもが立てる学習計画については，単元導入時に学習の大まかな内容をつかんだ後，低学年は2時間位先まで，中学年では単元の約半分，高学年はほぼ単元すべての学習計画を，教師の助言を得ながら子ども自身が立てます。こうすることで，それまで不安感をもっていた子どもも見通しをもつ

ことができ，自分のペースで主体的に学ぶ姿が見られるようになりました。この自分の成長の道筋を，友だちや教師の助けを受けながら試行錯誤してつくっていく活動は，自己有能感を育てていく意味でもとても効果的でした。

4　交流するということ

　障害のある子どもたちが通常学級で交流することは，インクルーシブ社会をつくるためのすべての子どもの学びの場です。
「〇〇さんが手をひらひらするのは，ふざけているんじゃなくて嬉しいからだよ。」

「△△さんは勉強の準備をするのがゆっくりだけど，手伝わないで見守っているとできるよ。すごく困っていたときだけ，先生を呼ぶんだ。」

　またとない障害理解・実践のチャンスです。特別支援学級の子どもたちは，通常学級

で交流している授業の45分間，とてもがんばっています。が，我慢もしています。わからないことがたくさんあるし，ついていけないことも多いです。でも，周りに認められ受け入れられているという実感があると，次第に自分の居場所となり安心します。この経験は社会に出るエネルギーとなります。

　忘れてはならないのは，そういった環境をつくるのは通常学級の子どもたちです。インクルーシブ社会のファーストステップとしての「交流」が，交流している子どもたち全員の学びの場となることを願っています。

5　指導は褒め言葉の種まき

　このような取り組みを始めて2年目，横浜市学力学習状況調査の結果が出た時，職員一同目を見張りました。その数値が予想外に大きく伸びていたからです。他校と比べればけっして高いとはいえませんが，その伸び率は飛躍的でした。体育科の取り組みで芽生えた自信が他の教科にも好影響を与えたのでしょう。それから，教師が指導力を伸ばし自信がもてるようになってきたことも大きいと思います。

　もちろん，うまくいったことだけでないことはいうまでもありません。むしろ，思ったようにいかずみんなで頭を抱えることのほうが多かったと思います。しかし時間が経つにつれて，子どもたちの行動が積極的になり，思いを素直に表現でき，人にやさしく接するようになってきました。地域の方や外部から来校された方からも，そのような感想を相次いでいただきました。

　子どもに「指導」をするということは，教えた内容を「できる」「わかる」「身につく」ようにすることです。でも，中には教えられたことがわからず，意欲が減退し，自己肯定感が低下していく子どもがいます。だからこそインクルーシブ社会のファーストステップとして，実態をきめ細かくとらえ，学習環境を整え，学ぶ道筋をスモールステップで明確にし，授業の中でタイムリーに褒める，というサイクルを繰り返していくことが求められます。

　「何でできないの？」という大人からの声に対しては「何でできるようにしてくれないの？」という子どもたちからの声が聞こえます。

　蒔田小学校では「指導は褒め言葉の種まき」を合言葉に，人生のどこかでその子の良さが芽吹き開花すると信じ，種をまき続けています。

62　第 2 部　インクルーシブ教育に向かう実践事例

実践事例 5-2　小学校の ICT

1　はじめに

　新小学校学習指導要領（平成 29 年 3 月公示）（文部科学省，2017）では，さまざまな教科で「主体的・対話的で深い学び」を引き出す授業を通して，子どもたちに生きる力を育むことが示されました。この学びを子どもたちに実現させるには，「学習の基盤となる資質・能力」が必要になります。つまり，情報のやり取りに必要な「言語能力」や情報を収集・整理・比較・表現・伝達するための「情報活用能力」を育てる授業づくりと，それを支える ICT 活用を工夫していくことになります。

　ところで，文部科学省は平成 23（2013）年に，全国の小学校 5 年生と中学校 2 年生を対象に情報活用能力調査を実施しました。調査結果の主なポイントを見ると，情報活用能力が高い学校（調査問題結果の平均得点の上位 10％の学校群）は，ふだんから ICT を活用する頻度が高い傾向があることが報告されました。このことから，情報活用能力の育成は，子どもたちが実際にどれだけ ICT を使う経験をしているかが鍵になると考えられます。

　こうしたことを踏まえて，本実践事例では小学校 3，4 年生における筆者の授業実践を中心に，小学校の ICT を考えていきたいと思います。

2　コンピュータ操作などの知識・技能の習得と情報モラルの学習

　子どもたちが，いろいろな教科で ICT を活用し，主体的・対話的で深い学びを進めていくためには，コンピュータなどの基本的な操作技能を身につけておく必要があります。このことについては，現行の小学校学習指導要領の総則（文部科学省，2017）に，「コンピュータで文字を入力するなどの基本的な操作や情報モラルを身に付け，適切に活用できるよう」に配慮することと示されています。そして，次期学習指導要領でも「学習の基盤として必要となる情報手段の基本的な操作を習得するための学習活動」を計画的に実施することが求められています。

　表 5-1 は筆者が，「総合的な学習の時間」の 1 コマとして，週 1 時間の授業「情報」を 3，4 年生の 2 学年間で実施した際の学習内容一覧です。学習内容を大きく 3 つの分野にしてとらえました。それぞれは，情報活用能力の 3 つの観点（①情報活用の実践力，②情報の科学的理解，③情報社会に参画する態度）に対応させています。この 2 か年間の学びが，高学年での学習を推し進めていき，さらには，中学校・高等学校での学びへとつながっていくイメージで構成したものです。

第 5 章　教師の仕事は多様な学び方の支援—実践を通して—　63

表 5-1　「情報」学習内容（3・4 年）

	主な学習内容	
	3 年生	4 年生
言語活動	●学びのふり返り ・学習活動の記録とふり返り 　「情報ノート」…「知ったこと」「わかったこと」「見つけたこと」 ・学習・作業の計画と見通し立て	
	●思考図の活用 ・考えを書き出す・分類整理する	・どう考えるか・どう説明するか 　〈プレゼンテーション〉
	●調べ方・まとめ方・発表の仕方	・百科事典の使い方 ・参考文献の書き方 ・要約の仕方 ・発表メモのつくり方
機器操作・データ管理	●コンピュータ操作 ・各部の名称と機能の理解 ・Finder 操作 （マウスコントロール）	・ショートカットキー操作 （キーボードコントロール）
	●タイピング技能 　　　　半角英数文字入力　　　　　　　　　　全角文字入力 ・shift, caps の使用　　　　　　　　　　　・仮名漢字変換	
	●情報機器の扱い方 ・デジタルカメラ，ビデオ，ドキュメントスキャナ，iPad	
	●アプリケーション活用 ・ドローイングソフト，プレゼンテーションソフト，表計算ソフト，ウェブブラウザー	
	●データファイルの保存と管理 ・ファイル名の設定（定型：クラス記号＋出席番号＋姓＋月日） ・クラウドへのアップロード，クラウドからのダウンロード	
ルール・マナー	●ネットワーク活用とルール・マナー ・メールの仕組みと基本設定 ・メールアカウントを使う時のきまり ・メール：受信・閲覧のみ ・ウェブページ閲覧のルール ・携帯電話・スマートフォンのルール・マナー	・DB サービス利用，OPAC 利用 ・メール：送受信可能
	●情報活用のルール・マナー ・著作権 ・肖像権 ・個人情報の扱い ・思いやりの表現（言葉・文字・色・TPO）	

（1）文字入力の技能を身につけさせる

　近年，スマートフォンやタブレット端末の普及が進んだことで，家庭でキーボードに触れることが少なくなりつつあるようです。この先，キーボードを使って文字を入力する機会を学校で保障しなければ，できる子とできない子との差がどんどん開いていってしまうのではないかと心配されます。

　文部科学省の情報活用能力調査（平成25（2013）年）で，キーボード入力についての測定結果が出されました（文部科学省，2015）。それによると，小学校5年生は1分間で平均5.9文字，中学校2年生では平均17.4文字という結果でした。

　単純に比較できませんが，筆者が平成25（2013）年度から平成26（2014）年度に担当した3，4年生のキーボード入力の速さの記録があります。初めの1年を経過した3年生の約30%の子どもたちが，1分間に10文字以上打てるようになりました。さらに2年を経た4年生は，約25%の子どもたちが倍の20文字を超える速さで入力できるようになりました。また，4年生のほぼ全員が，1分間に10文字程度の入力ができるようになっています。つまり，4年生全員が，1コマの授業で400字詰め原稿用紙1枚分の文字が打てるのです。

　ところで，3年生はローマ字を国語の授業で学習します。しかし，キーボードのローマ字入力は，それとは別に「情報」で進めていきます。

　コンピュータ各部の名称を知ることから始めて，徐々にキーボードとマウスの操作経験を積んでいきます。初めは半角英数キーを入力しながら，キーボードの文字配列を覚えていきます。これに慣れたところで「マザーグースの歌」の英文入力に挑戦させます。アルファベット以外の文字記号の入力やシフトキーを使った入力文字の切り替え，さらには削除キーや改行キー，スペースキーなどの使い方を覚えていきます。すべてのことを教えてしまわないのが，子どもたちを飽きさせないコツです。

　速くて正確なキーボード入力を目指させるのは，その先の情報編集作業を能率的に進められるようにしたいからです。文字入力スキルが一定レベルに達したら，名札づくりやメッセージカードづくりなどの課題を与えて，文書編集を覚えることへの動機づけを図ります。

　それと同時に情報機器の特徴に気づかせ，その使い方についてのルールやマナーを教えることも大切です。たとえば，キーボードやマウスを使う前に手をきれいに洗うマナーです。これは図書の利用にも通じる作法です。また，光学マウスの光を直視しないことや，必要以上の力を加えて操作しないことなどは，入門期にぜひ身につけさせておきたいことです。小学校のICTで大切にしたい指導の1つとして，自分以外の人への思いやりを育むことをあげたいと思います。このことは，生涯にわたるネットワーク利用や情報活用を円満に営むための基礎力になるものと考えます。

第5章　教師の仕事は多様な学び方の支援―実践を通して―　65

（2）文字入力とキーボード操作

　キーボードに初めてふれた子どもたちに文字入力の方法を教え，文章作成の入り口にいたるタイピングスキル会得までの筋道を追ってみたいと思います。

① QWERTY（クワーティー）配列に興味をもたせる

　アルファベットを知っている子どもは，キーのアルファベットがキーボードの上に不規則に並んでいるのを不思議がります。何らかのルールにしたがって並んでいるのではないかと並びの規則性を探し始めたり，ＪとＦのキーの突起を発見したり，キーボードの外見から見つかるさまざまな情報を，お互いに交換し合うことから学習が始まります。

② 数字とアルファベットの入力

　キーボードの上にあるキー配列や外観を一通り観察し終えたところで，手始めに数字入力をさせます。入力には，操作メニューがシンプルなテキストエディタを利用するのがよいと思います。

　キーボードの右側にある数字キー（テンキー）からではなく，アルファベットキーの列の最上段にある数字キーを使います。それは，数字キーに印字されている「!」や「&」「〜」などの記号入力の話につなげやすいからです。

　数字キーの入力をさせながら，基本的なキー操作のいくつかを教えることができます。以下，主なキー操作と後の日本語入力の際に使う機能を→（矢印）の右に記しておきました。

- ・シフトキー（記号入力→大文字・小文字の切り替え）
- ・エンター（リターン）キー（改行→文字変換確定，コマンド実行）
- ・バックスペース（デリート）キー（文字の削除）
- ・スペースキー（空白を空ける，数字変換→文字変換）等

　続いて，アルファベットの入力に入ります。アルファベットを打たせる前に，フォントを手書きの字形とそろえます。たとえば，aとa，gとgのように，小文字の字形がフォントによって異なる場合，子どもが混乱してしまうからです。アルファベットや数字，記号を，さまざまな組み合わせ条件で打たせます。Aa のように大文字と小文字を並べて打たせると，大文字と小文字を対にして確認できる上，キーの位置を倍の頻度で覚えられるので便利です。

　最後に，初めて文字を入力したテキストファイルを保存させます。その時には，名前も数字も自力で入力できるようになっています。

③ 手を替え品を替えて，キー入力を楽しませる

　タッチタイピング（手元を見ない指先感覚のみで行う打鍵）に入る前段階の子どもたちを飽きさせない工夫をすることは大切です。キーを探しながら打つ（Hunt-and-peck typing）時期を存分に楽しませておくと，後々キーボーディングスキル修得の動機づけにつながっていきます。

1人でがんばる課題を豊富に用意する，2人で競って楽しむ場面を設ける，記録をとってお互いの上達を評価し合うなど，単調なキー入力練習と楽しんでキーに向かえる場面とをじょうずにアレンジしながら打鍵速度を上げていきます。ゲーム的な要素を盛り込んだ練習メニューから英語詩（たとえば，マザーグースなど）の視写にじっくり取り組ませるなどして，作業にメリハリをつけていきます。

④ひらがな，カタカナの入力

変則的なアルファベットキーの配置に慣れたところで，ひらがなの入力方法を教えます。同時にカタカナへの入力切り替えも教えます。ローマ字表を手元に置かせ，50音を一通り打たせます。ローマ字表には，タイピング数を少なく抑えられる「訓令式」と英語表記に近い「ヘボン式」を併記したものを使わせています。

ここでも50音逆順打ち，ペアでしりとり打ち，あいうえお作文づくり等々，バリエーションのある入力課題を与えながら，子どもたちに一定レベルの入力速度をつけていきます。

⑤漢字仮名交じりの文章の入力

国語の授業でもなじみのある視写に取り組ませます。始めは，漢字を適度にふくむ短めの文章（たとえば，歌詞や詩歌など）を扱います。この段階になると，入力にワープロソフトやプレゼンテーションソフトを使って，縦書き入力や挿絵のレイアウトなどと作業範囲を広げることもできます。

ここからは，文章入力の基礎技能として，文節ごとに漢字変換ないし入力確定しながら打ち込んでいく，文節入力を身につけさせていきます。あわせて，改行や字下げ，句読点のぶら下げ処理などを適時に扱っていきます。

文節変換入力の要領がつかめてきた頃合いをはかって，自作の作文や日記の入力に挑戦させます。入力途中で校正したり，推敲したりする子が出てきたら，その発想と具体的な操作方法を全体で共有しながら技能向上を図っていきます。文章入力で必要になる入力処理を一律に教示するよりも，それが必要になった時，子ども同士で教え合えるようにしておくのが有効です。

(3) データ保存と管理の仕方を身につけさせる

作品づくりが始まると，データを途中保存したり，完成した作品ファイルを保管したりする方法を知る必要が生じます。あわせて，提出する課題のファイル名のつけ方を約束しておきます。ふだん，ノートや作品などを提出させる時の指示と同じです。半角英数を使ってファイル名を記号化して入力することを約束しておけば，日本語変換を学ぶ前にも指導できます。たとえば，「3年1組24番玉川まなぶ」の提出するテキストフ

ァイルを 5 月 6 日に提出する場合,「3124tamagawa0506.txt」とするなどと決めるのです。

(4) ネットワークのルールとマナーを教える

　3 年生以上の子どもたちには,メールアカウント(ユーザー ID)を与えます。入門期にあたる最初の 1 年間は,メール受信と公開情報の閲覧だけが許された環境で,ネットワークのルールとマナーを学びます。

　具体的な指導内容の詳細は省きますが,ていねいに繰り返し指導しておきたいことをまとめておきます。

①不正アクセスをけっしてしてはならないこと

「不正アクセス行為の禁止等に関する法律」(平成 12(2000)年 2 月施行)の存在を知らせ,不正アクセス行為を具体的に示して子どもたちに禁じます。ネットワーク利用に伴って生じる責任をきちんと教えます。

②責任もってアカウントを管理すること

自分 1 人の問題ではないことをきちんと説明して理解させます。

- ・自分だけのパスワード(5 ケタ以上,最長 12 ケタ)をしっかりと決めること
- ・自分以外の人にパスワードを知られないように管理すること
- ・割り当てられた容量とメール件数を守って利用すること

③人のつくったものを尊重すること

　初めて著作権の話をする時に,「自分の作品を勝手にまねされたらどう感じるか」と尋ねます。返って来る答えは十中八九「腹が立ちます」です。その上で,人のつくったモノ(アイデアや考えなどを含む,表現活動の結果生じた成果物全般)を勝手に使ってはいけないルールを教え,しっかり理解させます。

　一元的に禁止を唱えるのではなく,人の創作したモノを大事に思う気持ちを育てることで,一定のルールを守ればアイデアを共有し合える方途への橋渡しができます。プレゼンテーション資料やレポート,論文作成などで必要になる,「引用」のルールや「出典」を添えることの意味が,マナーとしても子どもたちの胸に落ちることが期待できるのです。

④トラブルが生じたら,親や先生に速やかに相談すること

　初心者の子どもの心配事には,ささいなことにも親身になって耳を傾けます。「そんなこと」と突き放してしまわないことが大切です。知識を増やし,ネットワーク活用の経験を積みながら,次第に子どもたちは一人立ちしていきます。先生(指導者)に相談すれば大丈夫だという安心感は,学年が進んだ後にも生き続けます。ネットワーク上で

68 第 2 部 インクルーシブ教育に向かう実践事例

繰り広げられる仮想現実と実生活との区別が難しい時期を，何とか無事に乗り切らせるために，親と教師が常に傍らで子どもたちを見守り，適時に助言したり，話し合ったりできる関係性を築いておくことが重要です。

3 さまざまな事象を言葉でとらえ，理解し，表現する力を育む

　ICT 活用と銘打って情報教育を考えると，デジタル機器の操作やネットワーク情報の活用が前提になりがちです。生まれながらにしてデジタル機器に囲まれて成長してきた世代（デジタルネイティブ）の子どもたちであっても，ICT だけで学びが成立するものではありません。できるだけ多くの直接経験を意図的に与えることの大切さを否定する教師はいないでしょう。

　かつて，子どもたちのフィールドワークに，デジタルカメラを持たせるのが定番になった時期がありました。見学先で熱心に写真撮影をさせて帰ったものの，いざ見学で学んだことをまとめる作業に入ると，どの子（グループ）も似たような場面の写真に，同じようなキャプション（説明）を入れて終わりという痛い経験をしたことがありました。何のための ICT なのかを真剣に考えるきっかけになりました。

　ここでは，前学年からの学習とのつながりを踏まえながら，4 年生の子どもたちに取り組ませるプレゼンテーションの学習を中心に紹介したいと思います。

(1) 仲間と相談しながら活動する場づくり

　児童 1 人に 1 台のコンピュータ環境が，必ずしも常に効果的とは限りません。個人的な実践経験からですが，2 人で 1 台のコンピュータを使って学習を進めていた時期も，工夫次第で今と変わらない学習効果を上げることが可能でした。ハッティ（Hattie, 2008）は，「ペアや小集団でコンピュータを利用することは，1 人で，あるいは大きな集団でコンピュータを利用することよりも効果的である」とし，グループ学習では「学習者が協力して課題に取り組むときに学習は最も効果的になる」と分析しています。

　調べ学習や発表のためのスライド作成では，どうしても一人作業になりがちです。ですから，必要に応じて周りに協力を求めたり，アイデアを共有し合ったりできる学びの雰囲気づくりは重要です。個別に決めたテーマにそって情報を集め，それらを整理しまとめ，発表することに個として粘り強く取り組ませつつ，頼るべきことは仲間と協働して問題解決を進める良さを意図的に経験させます。図 5-1 は，4 年生がプレゼンテーション発表に取り組む際の関係づくりのイメージです。

　以下，作業過程で仕組んでいく協働関係づくりのおよそを追ってみましょう。

①一斉指導

　図 5-1 中にある「学習カード」を使って，学習課題と活動の見通しを提示します。

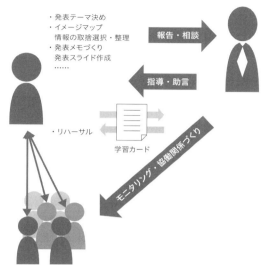

図 5-1　学習過程における協働関係づくり

「学習カード」は，学習活動の始まりから発表本番までのスケジュールが記載されていきます。子どもたちによって，作業予定と実際の進み具合が記録され，時間ごとに指導者の手元に戻ってきます。

②学習者同士の協働

　指導者が形を意識して，子どもたちに協働させようとするのは避けなければなりません。やはり，自学自律を基本として指導・助言を施します。学習者全体の状況をモニタリングしながら，学習者同士の最適なペアリングを準備しておくのです。直接，声をかけることもありますが，さきほどの「学習カード」にコメントして返す方法が効率的です。

　このような形でペア学習を展開する場合，子どもたちが作業場所を選べるようになっているのが理想的です。作業デスクや椅子が自由に動かせるような教室デザインであったり，子ども同士，子どもと先生の間の動線が十分に確保されていたりすることも大切なポイントだと考えられます。

③子ども同士で教え合うことの動機づけ

　仲間に教えようとする姿勢を賞賛するにとどまらないよう留意します。機を見て，お互いに高め合っている協働作業の事例を全体に紹介することも，効果的に実施します。

④本番前のリハーサルで実感させたいこと

　個人としてじっくりと作業を進めることを旨とすることを先に述べました。しかし，

協働を経て仕上げた発表課題からは，1人では得られない成就感が得られることがあります。発表準備の途中経過での創意工夫を知っている仲間のコメントの価値は，4年生であれば十分に感じ取ることができます。

ここで実感したことが，先々の協働学習の充実につながっていくわけです。

(2) 複数の教科担当者で学習をデザインする

「教科横断的に」と大上段に構えなくとも，いくつかの教科で同じ題材を共有し，学習計画を立て実施することは，子どもたちの学びを深めるのに有効です。図5-2は，英語（総合的な学習の時間）と美術（図画工作科に相当）との共同で実施した，3年生の"I am a puppet"の授業イメージです。

およその学習の流れは，次のようになります。

- パペットづくり（美術科）：自分のパペットに名前をつけて，紹介文を書く
- 英語でスクリプトを書く（英語科）：日本語で書いた紹介文を，英語の定型文に当てはめて英文にする
- 英語の紹介文を読む（英語科）
- パペットポスターづくり（情報科）：英語版ポスターをつくる
- パペット・ムービーづくり（情報科）：グループ内で役割を決めて動画撮影する
- パペット紹介ムービーを鑑賞する（英語科）

1つの題材を教科ごとの見方・考え方で展開させると，学習が立体的なものになるこ

図5-2　3つの教科で実施した"I am a puppet"の授業イメージ

第 5 章　教師の仕事は多様な学び方の支援─実践を通して─　　71

との実感を担当者間で共有できます。この経験が，その後の実践を継続・発展させるための重要な合意形成になるのです。

（3）学び方を学ぶ

　4 年生では，1 年生からの言語活動で身につけてきた言語能力や，3 年生で学んだ情報活用の基礎知識・技能を存分に発揮させる学習の場を与えます。1 学期後半から 2 学期前半にまたがる期間にわたって，個々の決めた発表テーマにそって調べ学習の成果をまとめさせます。最終的に，研究結果を仲間の前に立ってプレゼンテーションするのです。ICT 活用の視点からは，紙主体の図書資料とインターネット情報に代表されるデジタルメディア利用との接続に配慮した取り組みになります。ややもすると，コンピュータの使用が，無意識のうちに子どもたちの図書資料離れを助長してしまうことが起こり得ます。教師が意図して指導しなければ，インターネットの利便性を履き違えさせてしまうことにもなりかねません。余談になりますが，平成 23（2011）年度，百科事典はデジタルメディア化されるのが大勢でした。その最中，調べ学習で子どもたちが慣れ親しんでいる総合百科事典「ポプラディア」（ポプラ社）が書籍版で改訂されたのです。そんな偶然もあって，平成 24（2012）年度からの授業実践では，改訂された書籍版のポプラディアを使うことになったのです。書籍版の百科事典とオンライン百科事典（ポプラディアネット https://poplardia.net/）との比較をした時，平成 24（2012）年に開業した「東京スカイツリー」の画像が，書籍版の記事では建設中なのを目にした子どもたちが，メディアの特性を一時に了解できたのも，そんな時期と重なりました。

（4）調べ学習と発表活動を結ぶ ICT 活用を支える情報リテラシー

　調べ学習から始まりプレゼンテーションにいたるまでの学習の流れについて，現場レポート④を大まかに追いながら，小学校の ICT 活用の指導で大切にしておきたい点にも触れたいと思います。

現場レポート 4 ▶ 情報科「調べたことを発表しよう」学習の流れ（小学 4 年生）

1）発表までの学習の流れ

「百科事典の使い方」

- 百科事典のしくみと引き方：「つめ」「はしら」など各部の名称とその使い方
- 要約の仕方：「著作権」「定義」「引用」「出典」の理解
- テーマの決め方：百科事典を使ってテーマを考える
- 発表メモづくり：思考ツール（イメージマップ，ステップチャート）の活用

72　第2部　インクルーシブ教育に向かう実践事例

図5-3　百科事典を使った調べ学習

- 資料の探し方・見つけ方：図書館の利用法，日本十進分類法（NDC）を知る
- 調べよう：夏休みの課題
- 発表資料づくり
　　▶プレゼンテーションソフトの使い方：レイアウトの基本（図・表・文字）。
　　▶色の使い方：3色でまとめる。人により見え方の違いがあることを知る。
- 発表しよう
　　▶リハーサル（ペア同士で助言し合う）。
　　▶友だちの発表を評価しよう。
　　▶学習をふり返ろう（総括）。

2）見え方，聞こえ方の違いを知る

　発表の資料づくりでは，プレゼンテーションソフトの基本操作やスライドレイアウトの基礎を教えます。その中で，色の見え方や音の聞こえ方には，人それぞれに特徴があることを子どもたちに紹介し，一緒に考える場を設けます。見やすさや聞きやすさを工夫する意義を，他者への思いやりに根づいたものにしたいと考えるからです。

　このことは，子どもたちに言葉を大事に扱う態度を育むばかりでなく，情報活用に関する知識・理解と思考・判断を伴う創造的な活動とを結ぶ，「学びに向かう力，人間性」の涵養につながる大切なこととして，今後一層注目されることになると考えられます（図5-3）。

| 実践事例 5-3 | メタ認知スキルを生かした読み書き学習（一人ひとりの学び方） |

1 「学べているか？」という視点をもつ

　文部科学省の全国調査（文部科学省，2012）では，通常の学級に在籍する子どもの2.4％に読み書きのつまずきがある，と報告されています。この数値は，10年前（平成14（2002）年）の全国調査の結果の2.5％（文部科学省，2008）とほとんど変わっていません。これは，平成19（2007）年の特別支援教育の制度化から11年が経過してなお，読み書き困難に対する支援が不十分，あるいは，支援の成果が表れていない，という現状を示唆します。

　平成13（2001）年に実施した小学生459人を対象とする読み能力調査（単語の音読）では，学年相応の読み能力が身についていない子ども（学年課題の習得が80％未満）の割合は，3年生3.00％，4年生13.34％，5年生11.96％，6年生21.05％でした（安藤・太田，2002）。読みの困難が中学年で急激に増加し，2割強の子どもたちが学年相応の読み能力を身につけずに卒業していることを示しています。

　このような状況を踏まえ，私たち指導・支援者は，学ぶ側の視点に立ち戻り読み書き能力の習得について考え直す必要があります。教師から見て「教えている」つもりでも実際に子どもたちは「学べている」のか，一人ひとり丁寧にチェックする必要がある，ということです。

　新学習指導要領（2017）では，発達障害を含む児童生徒の多様性を前提とし，一人ひとりの発達を支援する，インクルーシブ教育システムの構築が示されました。今後の学校教育には，子どもたちの学び方の違いに着目し，領域や教科の指導の流れを，多様性に合う学習様式（learning style）にカスタマイズさせ，効果的な読み書き学習を積み上げていくことが求められます。それは，単に個別化することではありません。授業そのものを見直し，授業改善を図ることを前提とするものです。言い換えれば，教科の単元指導計画を縦軸に取るならば，子どもたちの多様な学習様式を横軸として編み込むということです。

　学習様式とは，学習活動や学習過程に見られる個人固有の特徴で，1人で学習する方が能率的な子どももいればグループで相談しながら学習する方が効果的な子どももいるといった外的に観察できる学習活動から，よく考えて判断する熟慮型か逆に直観的に判断し反応の速い衝動型かといった内的な学習過程までを含み，後者は認知スタイルともよばれます（北尾，1995）。こうした学習様式の個人差に着目し，個々の学習様式に合った学習環境を提供すること，学習者が自分の学習様式を認識しそれに見合った学習環境を選択することが，教育効果を最大限にするために重要であると指摘されています

（青木，2005）。

2 読み書き学習と読み書き困難

　読み書きのつまずきがあると報告された子どもたちの中には，神経学的な機能障害が推定される特異的読み書き障害（学習障害の一類型）の他，軽度の知的な遅れによる全般的な学業遅進や，日本語の習得に遅れを生じさせる家庭等の環境要因も含まれます。

　さらに，留意すべきことは，学習障害は他の発達障害と合併することが少なくないということです。文部科学省（2004）は，特別支援教育が対象とする発達障害を，①自閉症，②高機能自閉症，③ LD（学習障害），④ ADHD（注意欠陥／多動性障害），のように分類しています。また，医療の領域では，DSM-5（APA，2013／高橋・大野（監訳），2014）による発達障害の診断基準より，①②を総称し ASD（Autism Spectrum Disorder：自閉スペクトラム症／自閉症スペクトラム障害），③を SLD（Specific Learning Disorder：限局性学習症／限局性学習障害），④を ADHD（Attention-Deficit/ Hyperactivity Disorder：注意欠如・多動症／注意欠如・多動性障害）と整理し，特別支援教育の領域ではこの用語を用いることが多いようです（表5-2）。

表 5-2　DSM-5 による発達障害の診断基準概要（APA，2013／高橋・大野（監訳），2014）

SLD	読字，理解，綴字，書字，数概念・計算，数学的推論
ADHD	①不注意　②衝動性・多動性
ASD	①社会的コミュニケーション　②限局された反復的な行動

　学校教育が対象とする読み書き困難がある児童生徒の中には，このようなタイプの違いがあることを念頭に，個々の認知特性を踏まえた科学的根拠に基づく効果的な指導・支援が求められています。

　一例をあげると，一般的に行われてきたような，漢字や英単語を何回も書いて覚えるやり方がすべての子どもに有効かどうか，むしろ学習困難を引き起こし，つまずきの要因になっていないかどうか，注意深く観察する必要があります。

3 読み書き困難のアセスメント

　読み書き困難の実態を明らかにし，困難を顕在化させている認知的要因を検討することは，効果的な指導・支援を考える上で欠くことのできない重要なプロセスです。

　まず，授業中の行動観察（音読がたどたどしい，黒板を写そうとしない，宿題の音読を嫌がる等）やノートの取り方（ノートがうまく使えない，メモや連絡帳を書かない，

ひらがなやカタカナが正確に書けない，両者を混同する，漢字を書かずひらがなで書く等），テストの様子（漢字テストで点が取れない，解答欄に文字が当てはまらない等）などを通し，読み書き困難に気づくことから始まります。低学年のうちに気づき，読みやすさ，書きやすさに配慮した指導方法や授業展開の工夫をすること，また，必要であれば，特別な指導・支援を行うことが求められます。できるだけ早く発見することの目的は，ラベリングすることではありません。読み書きの困難は，すべての学習に影響し増大していくからです。前述のように，3年生以降，学習内容が高度になる時期に読み書き困難が重なると，相乗効果が働き，子どもの負担は克服し難いほど大きなものになります。その結果，子どもは自信を無くし，学習全体の意欲が低下し，現在，社会的な問題となっている学力格差の要因ともなります。

筆者等は，教育現場で簡易的に読み書き能力を測定し要因を探るための検査を開発しました。読み書き困難児のための音読・音韻処理能力簡易スクリーニング検査といいます。

(1) ELC

読み書き困難児のための音読・音韻処理能力簡易スクリーニング検査（Easy Literacy Check：ELC：エルク）は，教育現場で教師が簡便にディスレクシアの兆候を捉えるためのスクリーニング検査として開発されました。小学校低学年児童を対象に読み困難への気づきを目的としています（加藤ら，2016）。

この検査は，3つの課題，①短文音読課題（文脈のある文章によって音読特徴を捉える），②音韻操作課題（単語と非語の逆唱・削除によって音韻意識を評価する），③単語・非語音読課題（単語・非語の音読によってディコーディング能力を評価する），で構成されています。非語とは，単語様の無意味文字綴りをいいます。ディコーディングとは，文字を音に変換すること，文字の音声化を指し，ディコーデイング能力の障害はディスレクシアの特徴とされています。ディスレクシアとは，特異的読み書き障害に対する医学的用語で，教育の領域では一般的にLD（学習障害）とよばれています。これらの課題によって，集団の教育場面では見つかりにくい読みの困難さを見つけ出すことができます。

学級担任や特別支援教育コーディネータ，通級指導教室の先生方などが活用され，もし，ディスレクシアの可能性が疑われた場合，療育期間や相談機関への相談を勧めていただくことを期待しています。

ディスレクシアの兆候が認められたら，さらに，専門的な見地から，子どもの全体的な認知能力の水準，認知的な偏り（個人内の得意・不得意）や歪み（個人間の特性の違い）の様相を捉える必要があります。

一般的に使用されている代表的な心理検査である，WISC-Ⅳを，次にあげます。

(2) WISC-Ⅳ：認知能力の水準と特性

WISC-Ⅳ（Wechsler Intelligence Scale for Children 改訂第 4 版）は，全検査IQ（FSIQ）によって子どもの全体的な認知能力を示し，言語理解（VCI），知覚推理（PRI），ワーキングメモリー（WMI），処理速度（PSI）の 4 つの指標によって，個人の知的能力の強さと弱さ（個人内差）を明らかにします（表 5-3）

近年，ワーキングメモリーと処理速度の機能が注目されていますが（大六，2012），読み書き指導の臨床においても，全般的な知的水準が高く言語に遅れが無いにもかかわらず記憶が苦手で不器用なため読み書きにつまずく子どもが見受けられます。一方，ワーキングメモリーや処理速度が高いため読み書き困難が目立たない子どもも見られます（安藤，2018）。授業場面では，先生の話を聞きながら黒板を写す，友だちの発表を聞きながら考えるというように，様式の異なる複数の認知処理を同時に行う活動が多く，記憶や処理速度が弱い子どもには過度な負担がかかります。その結果，学習そのものに注意の配分が行われず集中できなくなります。そのような場合，記憶や作業能力を補うためのタブレット端末やデジタル機器等，支援ツールの活用が望まれます。

また，言語理解の値が高いにもかかわらず実際の学習場面では言語理解や言語表出の力が弱い子どももいます。例えば，物語が過去・現在・未来を行き来すると混乱する，複雑な主客の関係性が理解できない，抽象度の高い語彙を視覚的イメージと関連づけられない等は，ASD の合併に伴う特徴です。このような子どもでは，絵で説明したり，プレゼンテーションソフトを使って発表したりするなど，言語能力を補うための学習スキルの習得を促し，自分自身の得意な学習方法を見つけ選択できるような配慮が求められます。

さらに，WISC-Ⅳを KABC-Ⅱ（Kaufman Assessment Battery for Children 改

表 5-3　WISC-Ⅳの指標得点とその意味（大六，2012，p.100）

指標得点（略記号）	意味
言語理解（VCI）	①言語概念形成（結晶性能力の一部） ②言語による推理力・思考力（流動性能力） ③言語による習得知識（結晶性能力の一部）
知覚推理（PRI）	①非言語による推理力・思考力（流動性能力） ②空間認知 ③視覚－運動協応
ワーキングメモリー（WMI）	①聴覚的ワーキングメモリー（作業中の一次的記憶保持） ②注意，集中
処理速度（PSI）	①視覚刺激を速く正確に処理する力（処理速度，プランニング） ②注意，動機づけ ③視覚的短期記憶 ④筆記技能，視覚－運動協応

第 5 章 教師の仕事は多様な学び方の支援—実践を通して— 77

訂版）の結果と合わせ総合的に判断することで，指導・支援の具体的な手がかりが得られます。KABC-Ⅱは，知的能力を認知尺度と習得尺度に分けて測定し，得意な認知処理様式を明らかにする検査です。

また，学びのユニバーサルデザイン（Design for Learning Guidelines：UDL）（CAST，2011）の考え方は，子どもによって異なる情報処理特性に着目しわかりやすい学習をデザインするために有用です。

UDL の考え方を読み書き学習に対応させて例示すると，提示の多様性（情報のインプット）では，文章の提示の工夫（行間を空ける，分かち書きにする，漢字にルビを振る等），文章量の調整（過度に長い文章は避ける），読解を促進するための背景的知識（挿絵や動画等）などがあげられます。また，ASD を合併する視覚優位の子どもには，文字カードや絵カードによる語彙指導や段落相互の関係を図表や絵で視覚的に示す読解指導が必要です。

行動と表出の多様性（情報のアウトプット）では，言語表現が困難な子どもには，プレゼンテーションソフトの活用等，言語以外の表現方法の選択を認めます。

取り組みの多様性（情報処理活動への動機づけ）では，興味・関心を喚起する教材開発や授業展開の工夫があげられます。読むことへの意欲を引き出し，目的をもって読もうとする態度を育て，自分自身の学習過程をモニターし，コントロールし，さらに必要な情報を収集しようとするようなメタ認知の働きを高めます。

4 読みの学習はどのように進むのか

一般的に，読みの学習とはどのような認知プロセスを経て進むのでしょうか。小学校2，3 年生を対象とする読みのつまずきに関する発達的研究（安藤，2016）では，低学年では音読の正確さと速度が徐々に向上し，3 年生になると文章音読の流暢性が高まることが確かめられています。流暢性とは，文章の内容を読み手が理解し聞き手にも伝わるように，正確に速くよどみなく表情豊かに読むことで，脳内の神経学的な読み回路が自動化する（文字を音に変えるディコーディングが素早く行われ意識せずに読めるようになる）ことによって可能になるといわれています（Shaywitz, 2003）。

読みの目的は，読む（音読／黙読）ことによって書いてある内容を理解する（読解）ことといえますが，「読む」から「内容を理解する」にいたる子どもの読みに関する認知発達は次のような 5 段階で進むとされています（Siegler, 1986）。

・第 1 期（就学前期）：文字の識別（視覚的弁別）ができるようになる
・第 2 期（就学期）：ディコーディング能力（音韻的再符号化）が高まる
・第 3 期（小学校 2・3 学年期）：単語音読が自動化され既知の単語が無意識的に素早く読めるようになる

78　第 2 部　インクルーシブ教育に向かう実践事例

- 第 4 期（小学校 4 学年～中学校 1 学年期）：流暢な読みが獲得され，読みの目的が「読むことを学ぶ」から「学ぶために読む」に移行する
- 第 5 期（中学生～成人期）：文章を読んで複数の観点から情報理解が行われるようになる

　このような 5 段階の認知発達では，小学校 3 年生前後で，子どもの読みプロセスに質的な変容が生じることがわかります。この時期，子どもの読み方略（ストラテジー）は，1 文字ごと，1 単語ごと，積み上げていく読み方から，文章全体の背景的知識や文法的知識に裏づけられた認知的な構え（スキーマ）をもつ主体的で推論的な読みへと移行されるのです。前者をボトムアップ的ストラテジーとすれば，後者はトップダウン的ストラテジーといえましょう。発達に伴って，ボトムアップ的な文字や単語の読みが自動化され，流暢性を増し，読み手自身がスキーマをもち効率的なストラテジーを適用するトップダウン的な読みが達成されます。この読みの熟達化を支えるものがメタ認知の働きです。

5　メタ認知の働きは読みのプロセスにどう関わるのか

　低学年では読むことそのものが目的である（learn to read）のに対し，高学年では読むことによって新しい知識・技能や考え方を習得することが目的になります（read to learn）。このような読みの目的の変化に対応し，小学校高学年では，自律的な学びにつながるメタ認知スキルが重要となります。

　では，メタ認知の働きは読みのプロセスにどう関わるのでしょうか。

1. 自己理解の促進：自分自身の読み書きの実態を理解する
   子どもが自分自身の遂行過程をモニタリング（ふり返り）できるよう適切なフィードバックを行う。
   例）IC レコーダで記録・再生する，範読でモデルを示す，子どもどうしで交互読みする，文章の要旨を絵や写真で示す等のフィードバックを行う。
2. 読み方略の構成：めあてをもって取り組み，課題解決の仕方を選択する
   テーマや教材等に興味・関心をもち，目標設定を促した上で，あらかじめ計画を立て効果的な読み方略をプランニングする能力を身につけさせる。
   例）たどたどしい音読をする子どもに，指でなぞりながら読む，単語の区切りに「／」を入れながら読む，カラーペンでキーワードを色づけしながら読む等の音読の方法を提示する。
   例）挿絵を順番に追いながら内容を推測する，長い文章は段落ごとに区切って読む，何度も繰り返し表れるキーワードを見つける，文章の構造をあらかじめ捉える，段落ごとの関係を考えながら読む等の読解の方法を提示する。

3．精緻化と動機づけ：プランを修正しより有効な方略に高める

フィードバックやモデリングを繰り返すことによって効果を測定し，より良い方法に気づかせていく。正確で流暢な読みに近づいたとき，指導・支援者は誉めることによって内発的動機づけ（モチベーション）を高め，自律的な学びの循環をつくりだす。

例）後述する「現場レポート⑥」でいえば，目標を設定し（ISS（国際宇宙ステーション）に行く），うまく読めたら☆のシール（火星，木星，土星…）を貼り，☆がたまったら ISS 到着等，トークンエコノミー（代用貨幣経済）システムを活用する。

6　メタ認知スキルを生かした読み書き学習

メタ認知スキルの育成を意識した読み書き（特に読み）学習の例をあげます。

現場レポート 5　音読のプロセスを支援する（小学 3 年生）

Ａさんは小学校 3 年生。読み書きが苦手で，文字を見るだけでため息が出ます。実際に，10 分ほど本読みをすると頭痛が始まります。易疲労性といいますが，本当に脳が疲れてしまうようです。無理に読ませようとするとあくびが出て，さらに負担がかかるとチック様の症状も見られます。初見の文章は特に難しく，絵本のような短い文章でもたどたどしい読みになります。

2 年生程度の漢字は何とか読めますが，書くことは困難です。ひらがなやカタカナを書こうとすると文字を思い出すのに時間がかかり，ついには書くこと自体を諦めてしまいます。

一方，Ａさんは計算が得意で「光の速さは，1 秒間に何回地球を回る？」といった問題はすらすら解けます。小学生を対象に開かれたロボットのプログラミング講座では，友だちと協力しながらいきいきと活動しました。

【診断名】

ディスレクシア，ADHD

【読みレベル】

Ａさんの読みレベルは，小学校 1 年生程度にあります。前述の読みの発達プロセスで示せば，第 2 期（就学期）にとどまっている状況で，ディコーディング能力の発達が十分でなく，単語の読みの自動化が難しい，という段階です。ELC の結果は，全課題が 2SD（標準偏差）以下でした。

【認知水準・特性】

WISC-Ⅳの結果，全検査IQ「平均の上」，言語理解「平均」，知覚推理「平均の上」，ワーキングメモリー「平均」，処理速度「平均」でした。知覚推理が他の指標に比べて有意に高いことから，情報処理特性は視覚優位と考えられます。

KABC-Ⅱでは，習得総合尺度が認知総合尺度に比べて有意に低く，潜在的な認知能力が学習面に生かされていないことがわかりました。また，同時処理と継次処理の差が有意で，同時処理能力の高さが示されました。

【指導方針】

Aさんは音韻処理障害を背景とするディスレクシアと考えられ，読みレベルが低いため，一斉指導では学ぶことが難しいことが推測されました。そこで，学習支援員の配置，特別支援教室を活用した取り出し指導，通級による指導の利用等，特別支援教育による指導・支援が不可欠であると考え，学校教育との連携を図りながら学習指導を行うこととしました。

NPOにおける学習指導では，低学年レベルのディコーディング能力の底上げと共に，単語音読の自動化を促進させるため，聞いて理解できる語彙を拡充すること，負担を感じない程度に書くこと，に取り組みました。視覚処理と同時処理の強さを活用し音韻処理の苦手さをカバーすることを念頭に，学習内容・方法を工夫しました。

また，読み書きへの拒否感が強く，注意の集中時間も限られているため，Aさんの興味・関心に沿った教材選択と読みやすさを工夫した教材作成に努めること，情報量を制限し達成感を感じながら一段ずつステップを上がるような楽しい指導展開を工夫すること，「読む」「書く」「聞く」「話す」の活動をバランス良く取り入れ展開に緩急をもたせること，を方針としました。

さらに，学習の困難度が上がる3年生という時期を考えると，学習への一層の自信喪失と意欲低下が懸念されました。そこで，家庭学習として，DAISY（Digital Accessible Information System）の活用を勧めました。DAISYは，視覚障害者や普通の印刷物を読むことが困難な人々のためのデジタル録音図書の国際標準規格で（DAISY, 2018），ディスレクシアがある子どもたちにも活用できます。登録すると，音声にテキストおよび画像をシンクロ（同期）させた教科書が提供され，子どもは音声を聞きながらハイライトされた教科書のページを見る（読む）ことができます。国語だけでなく，Aさんの好きな理科の教科書も事前に読んでいくことで，学力の維持を目指しました。

そして，自分自身の認知能力や学習状況に対する自己理解を促し，学習スタイルに合った学習方略を選択できるよう選択肢を用意することも留意しました（図5-4）。

【指導目標】

1. 読むことに対する抵抗感を減らし，読もうとする気持ちを回復させる
2. 学習に必要な語彙の習得を促進し，単語の読みの自動化を図る

【教材】

新聞記事や科学読み物，童話などからＡさんの興味・関心を引くテーマを選び，テキストを作成しました。テキストは横書き，分かち書き，ルビつきで，書体は，教科書体，24ポイント程度にしました。文章の長さはA4版1枚～2枚，1頁あたり3～4段落に収めました。これが，Ａさんが最も見やすく（視覚的に整理されている），読みやすい（音読に負担がかからない）文章の質と量です。

テーマ選びで気をつけたことは，読みレベルは小学校1年生であっても3年生としての興味・関心と知的好奇心を重視することです。学年相応の学習課題を意識し，Ａさんの情緒や思考の流れに配慮し，話題を選択しました。

【展開】

1）導入：単語の読み，語彙の伸長

テキストで使用される単語を読めるようにしました。また，クロスワードパズルなどを

【読み】
・読みレベル②（小学校1年生程度）
・ディコーディング（文字に音を対応させる）能力が低い
・単語の読みの自動化（意識せずに読む）が難しい
・「単語を読むこと」そのものが課題となるレベルにある

【WISC-IV】
・全体的には「平均の上」レベル
・非言語による推理力・思考力が高い（視覚優位）
・空間認知や視覚－運動協応にも問題がない

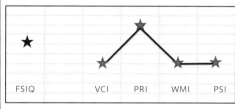

【KABC-Ⅱ】
習得尺度＜認知尺度
・認知能力が学習に生かされていない
同時処理＞継次尺度
・同時処理的な課題解決が得意である

⇒ 音韻処理障害を背景とするディスレクシア
　読みレベルが低く一斉指導では学べない

【方針】
★特別支援教育による特別な支援
　・通級指導教室の利用

★NPOにおける指導・支援
①ディコーディング能力をアップさせる
　：短い仮名単語から長い仮名単語の音読へ
②話し言葉の中で語彙の習得を図る
　：教科学習に必要な学習言語の知識を増やす
③視覚的な刺激を多用する
　：絵・文字カード，挿絵，画像，動画等
④マルチセンサリー（多感覚）を活用する
　：視覚・聴覚・触覚・運動感覚などの連合

図5-4　認知水準・特性に合わせた指導・支援Ⅰ　Ａさん

82 第2部 インクルーシブ教育に向かう実践事例

使って語彙を増やしました。ディコーディング能力が弱いＡさんにとって，新奇語を読むことは負担が大きいのですが，知っている言葉は読みやすく，自動化された読みに近づけるための方略として有効であると考えました。

2）読みの準備：テキストの背景を理解する

挿絵，写真，図表などを用意し，タブレット端末で画像や映像などを見せ，視覚的なイメージを活用してテキストの背景を理解させました。文章の内容をあらかじめ知っておくことにより，理解しやすくなり読みの促進が図られます。

3）テキストの読み：段落ごとにテキストを読む

１文字ずつ明瞭に発音し，単語の固まりを意識しながら読めるようになることを目指しました。カラーペンで単語の区切りに「／」を入れ，単語のまとまりを視覚的に確認しながら音読するよう促すと，Ａさんはこの読み方略を自ら取り入れ，音読を嫌がらなくなっていきました。また，音声化によって自分の声が耳からフィードバックされ，理解が進みました。

4）まとめ：読んで理解したことを整理する

要点を話したり書いたりという活動を行います。無理に書くことを要求せず，主語・述語の関係等に注意を向け，正しい構文で話すことを目指しました。

【課題】

目標は一応の達成を見ましたが，Ａさんの読みレベルに配慮したテキストを用いた結果であって，該当学年の学習教材をそのまま使用することは困難です。高学年に向け，合理的配慮による支援について検討する必要があります。

現場レポート 6 読解のプロセスを支援する（小学5年生）

Ｂさんは小学校5年生。読み書きだけでなく，聞く話すことも苦手です。漢字の書字では，文字の細部が抜け，字形が整いません。文章を読んで意味を理解することも苦手です。全般的な学習の遅れが目立ち，一斉指導についていくのは難しい状況です。学習全般に自信をなくしています。

Ｂさんは，聴覚的な記憶（ワーキングメモリー）や継次的な処理（連続した課題の遂行）が弱い反面，視覚的な手がかりを活用する力はあり，語彙力や読み（既知単語の音読）の力は年齢相応です。

また，乗り物が好きで，特に新幹線については知識が豊富です。物づくりが得意で，紙コップのモーターづくりでは友だちに教える先生役になりました。

第 5 章　教師の仕事は多様な学び方の支援―実践を通して―　83

【診断名】

　ディスレクシア，不注意の傾向

【読みレベル】

　Ｂさんの読みレベルは，小学校 3 年生程度にあります。読みの発達プロセスで示せば，第 3 期（小学校 2・3 学年期）にあり，単語音読の自動化が進み，知っている単語であれば素早く読めるようになっていますが，知らない単語はたどたどしい読みになります。未だ「読むことを学ぶ」段階にあり，高学年の子どもに求められる「学ぶために読む」レベルまでは到達していません。

　ELC の結果では，短文音読課題と語の音読課題はクリアしましたが，音韻操作課題で低い結果となりました。ELC の対象年齢（小学校低学年）から考えると，ディスレクシアの傾向を排除することはできません。

【認知水準・特性】

　WISC- Ⅳの結果，全検査 IQ「平均」，言語理解「平均の上」，知覚推理「高い」，ワーキングメモリー「境界域」，処理速度「平均」でした。ワーキングメモリーが顕著に低いため，潜在的な能力の発揮が難しい状況が推測されました。また，知覚推理が他の指標に比べて有意に高いことから，情報処理特性は視覚優位と考えられました。

　KABC- Ⅱでは，習得総合尺度と認知総合尺度に有意差は無く，認知能力を最大限に発揮して学習に取り組んでいる姿が推測されました。また，同時処理と継次処理の差が有意で，同時処理の高さが示されました。

【指導方針】

　Ｂさんの認知的特徴はワーキングメモリーが極めて低いことにあり，読み書きの実態としては読むことより書くことの苦手さが顕著です。また，不注意の傾向もありますので，一斉指導による授業場面で，聞きながら書いたり読みながら考えたりすることは負担が大きく学習の定着も難しいと推測されました。

　一方，Ｂさんの語彙力や読み（既知単語の音読）の力は年齢相応で，知覚推理も優れており，視覚的手がかりによって学習が促進すると考えられました。さらに，同時処理的な学習プロセスを用意することが有効と思われました。

　また，5 年生という学年（発達年齢）を考えると，低学年のように一つひとつの単語の読み書きを積み上げていくようなボトムアップ的なアプローチでは，周囲の学習進度に追いつけません。むしろ，苦手な読み書き，特に書くことの苦手さを軽減し，本来の目的である読んで理解することに認知的エネルギーを割けるよう，合理的配慮を得ることが求められます。その上で，トップダウン的な読解の方略を身につけさせることで，読み能力の促進が図られると考えました。そこで，語彙や構文に関する力を高め，説明文，物語文等，文章の特性に合わせて読み取り方のコツを理解させようと考えました。まず，文章の構造を理解させ，読み取り方の手順を身につけさせることによって，読み能力の向上を期待したのです。

さらに，集団での学習場面で学べずにいるBさんの自信を回復させること，これが，最重要課題ともいえました。学校の授業のような大きな集団ではBさんの力が発揮できません。そこで，4～5人の小集団での学習形態を設定しました。同じような読み書きに対する苦手さをもつ同学年の子どもたちが集まり，お互いに相手を尊重し，学び合いを通して成功経験を積むことにより，「やればできる」という気持ちを体感させ，その力を般化させていくことを目指しました（図5-5）。

【指導目標】
1. 文章を読んで要点を捉えるための，効率的な読み方略を身につける
2. 小集団学習を通し，学ぶことの楽しさを経験させ自信を回復させる

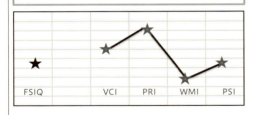

図5-5 認知水準・特性に合わせた指導・支援Ⅱ　Bさん

【教材】
　Bさんの興味・関心が高いテーマを集めてテキストを作成しました。例えば，LRT（次世代型路面電車），新幹線の開業，海外の登山電車などに関する新聞記事をもとにテキストを書き下ろし，図鑑やインターネットから取り出した絵や写真，あるいは，実際に現地で撮影した動画を準備しました。テキストの書式等はAさんと同様ですが，学年に合わせA4版3枚〜4枚程度に増量しました。

【展開】
　前述のメタ認知スキル（自己理解，読み方略，精緻化と動機づけ）の獲得を目指した読みのプロセスを取り入れ，パターン化し習得させるようにしました。
　国際宇宙ステーション（ISS）をテーマにしたセッションを例示します。

1）テキストのテーマを理解する（グループ）
　　・ISSについて，写真を見ながら話し合う
　　・テキストのテーマは「ISSの予測進路」であることを知る
　　・ウェブ図（図5-6）を使って「予測」と「予想」の違いについて，話し合う
　　・テキストの導入部分を音読し，「予想」と「予測」の違いを理解する
　　→写真や動画などの視覚教材を活用することで興味・関心を高め学習意欲を喚起します。目的をもって主体的に読もうとする手がかりを与えます。
　　→ウェブ図は，視覚優位で同時処理の得意なBさんにはとって，思考のツールとして有効です。語彙の伸長を図ると共に，キーワードである「予測」の意味，つまり，根拠が有るか無いかという点について，考えを深めます。

図5-6　ウェブ図

2）テキスト前半を読み取る
①音読を聞きながら図を読み取る（グループ）
　　・テキスト前半部分の音読を聞く
　　→指導者の読み聞かせを聞きながら図を読み取る力を育てます。読み書きの苦手なBさんにとって，図表は理解と表現のツールとして有効になります。
②音読する（個別）
　　・指導者との交互読みをしたり一人読みしたりしながら，内容を理解する

86　第2部　インクルーシブ教育に向かう実践事例

→個別化し，個々の単語やフレーズをしっかりと音声化させます。未知の単語も正しく音読するという経験をさせることによって，語彙を拡充すると共に新たな表現を習得し，ディコーディングを高めることもねらいます。

③内容の理解を深める（個別）
- 挿絵や図で，ISS の通り道や，金星，土星などの位置関係を確かめる
- ISS，金星，土星についてインターネットで検索する
- 写真をコピーし，プレゼンソフトを使ってスライドを作成する
→インターネットで調べる発展的な学習活動によって，自律的な学修態度を身につけさせます。また，読み書きを支援する ICT 活用にもつながります。
→プレゼンテーションソフトの活用は，読み書きの苦手な子どもにとって思考のツールとしても有用でありメタ認知的な能力を向上させます。また，言語表現力の弱さがある B さんにとって，有効な表現手段ともなります。

3）テキスト後半を読み取る
- テキスト前半の読み取りと同様に行います
→前・後半に分けることで，読みへの負担感を軽減し注意の集中を高めます。

4）全文を読んで要旨をまとめる（グループ）
- 全文を音読する
- 各自作成したプレゼンテーションを発表する
→集団場面で発表することが苦手な B さんですが，小集団の中で発表し成功経験を積むことを通し，少しずつ自信をもつようになることを目指します。

【課題】

　グループでの学び合いで，B さんは学習への自信を回復することができるようになりました。集団での学習場面で言語理解・言語表出ができない子どもにとって，小集団での成功経験を積み重ねることが，いかに「聞き」，いかに「話す」か，という方略を学び，日常的な学習場面に般化させることができることを，B さんの経過を見て理解できました。

　このように，メタ認知の力を身につけた，と同時に，自分のスタイルで学ぶ，学べるという自信が蓄積されたことも大切な側面です。

実践事例 5-4　メタ認知スキルを生かした数学学習（一人ひとりの学び方）

1　算数・数学教育研究に不足しているもの

　筆者は通級指導教室を担当していますが，もともと数学科の教師として実践的研究を行い，現在も算数・数学教育研究の学会等で活動を続けています。算数・数学教育の研

究大会で報告される実践的研究は，どれもすばらしい内容で，より多くの児童生徒の学力向上につながるものです。しかし，通級指導教室を担当するようになった筆者には，それまでと違った研究大会の一面が見えてきました。

どれほどすばらしい実践であっても，100%の児童生徒が肯定的な結果を示すような研究報告は1本たりとも存在しません。児童生徒には得意不得意があり，個性があるのは大切という考え方は疑うべきではありませんが，授業の中で取り残された子をそのままにしておいてよいというものではありません。したがって，より多くの児童生徒の学力向上につながる指導法の研究と並行して，その方法では学べなかった児童生徒がどうしたらよいのかという研究も行っていく必要があります。そういった視点を抜きにしてインクルーシブ教育は成立しません。だからといって，誰にでもわかる，誰にでもできる，ということの解釈を誤り，安易に授業のレベルを下げてしまっては，教科教育の責任が果たせません（下村，2015）。

カリキュラムの研究，関数や図形などテーマを絞った教材研究や指導法の研究，数学教育史の研究などに加え，うまく学べない児童生徒の特性に応じた指導のあり方を研究する分科会の成立が待たれます。

2　中学校での学習が可能な条件を逆算する

ピアジェの認知発達の理論から考えると，中学生は形式的操作の段階に入っており，論理的思考が可能になっています。したがって，文字を使って代数的に処理する方法を学んで機械的に処理することや，表やグラフを用いて物事を客観的に表現すること，図形の性質の仮定から結論にいたる証明を筋道立てて記述することなどが可能だと考えられています。

しかし，この段階は，7〜8歳ごろからの具体的操作の段階を経ていることが前提です。すなわち，人の歩く速さや電車の走る速さを体感しながら距離と時間の関係がわかるとか，東京ドーム1個がどのくらいの広さなのか，スカイツリーがどのくらいの高さなのかといった量の概念が，日常生活の中で形成されていることであり，これらが理解の促進につながるわけです。そういった経験が不足していると，一般的には具体物が無くてもイメージできると考えられていることが，必ずしもできるとは限りません。

もっとさかのぼると，直感的思考の段階で，おはじきやブロックを使って遊んだ経験がどれほどあったかというところにいたります。この段階では，他者からの提示ではなく自分で操作することで，量を感じ取ったり，増減の不思議を感じたりしていることが望まれます。

中学校段階で数学の学びに困難さがみられる場合，これらの発達の過程で何らかの経験が不足している可能性もあります。また，発達に偏りがあって支援の必要な生徒は，障害に起因する困難に対応するため，独自のスタイルが獲得されており，特定の認知特

性に依存している可能性がある（下村，2015）とも考えられます。筆者は，その可能性を分析して一人ひとりの生徒に対応していくことこそが，学年相応の学習を支えることにつながるのではないかと考えています。

3　数学の学習とメタ認知の関わり

　岡本（2008）は，「計算問題，文章題，図形問題の認知過程の違いは，解決過程で求められる認知処理の要素と，その処理が自動的なのか意識的なのかという処理のレベルによって特徴づけられる。そして，後者の処理のレベルの違いが，メタ認知のかかわりを大きく規定することになる。」としています。このような研究成果がたくさん報告されることによって，数学の学習過程における思考の様子が明らかになってきました。多くの研究が課題として指摘しているのは，中学校，高等学校と進むにつれて，より複雑化していく数学的な課題を扱った研究は少ないという点です。

　実際，現場レベルで日々行われている指導法を見ると，「自動的な活動」に対するモニタリングの力を強化することや，「意識的な処理」の意識の向け方を学ぶことが，一定の成果を上げているであろうことは間違いなさそうです。

　古くから，数学教育の研究で問題解決方略のモデルとなっている "How to solve it"（Polya，1945／柿内（訳））には，まさにメタ認知を活用するためのリストが作成されています（「現場レポート」では，これを「Polyaのリスト」とよびます）。これは，教育心理学研究の分野において必ずしも評価されているとはいえませんが，現場での実践では意識的な処理を促進するための指針になると考えられます。文章題を始めとするやや複雑な問題で，思考の順序が定まらない生徒に効果が感じられることが多々あります。

　次の2つの事例はそれぞれ，「自動的な活動」と「意識的な処理」がスムーズに行われることを目指して指導したものです。

現場レポート7　自動的な活動に対するモニタリングの力を伸ばす

> 　Cさんは学習の遅れは目立ちますが，野球部に所属する律義な好青年といった印象の生徒です。学習スタイルにもこだわりがあり，一度定着した方法を変更することは難しいようです。数学は他教科に比べて，一定の方法で問題を解くことができるので，本人の中では，得意な教科だと思っています。

【実態】知的には標準のやや下で，多動性が認められています。「計算は得意だが，計算ミスが多い」と本人が話すことを，保護者は多動性に原因があると考えていました。さらに，

文章題の解き方がわかっているのに，計算で間違えてしまうのがもったいないとも考えています。そのような保護者の評価を本人も信じ込んでおり，「落ち着いて計算ができるようになりたい」と話しています。

【目標】計算の精度を向上させる。

【教材】アセスメント時には，小学校4年生以降の市販の計算ドリルを使用しました。Cさんの傾向が把握できた後は，在籍校で使用している教科書や問題集などを使い，Cさん自身が指導の効果を実感しやすくしました。

【方針】計算を間違えた場面を分析し，その傾向を捉えて，注意すべき点を特定します。常に最大限の注意を払っていては，集中が持続しないのは当然ですので，計算の間違いが起こりやすい場面をCさん自身が認識し，特に注意を向けなければならない場所で集中することが大切だと考えます。

【指導の実際】Cさんは単純なミスもありますが，それ以上に筆者が問題だと感じたのは，所どころ手続き上のバグが認められる点でした。手続き上のバグとは，計算など一定の手続きに従って答えを求める課題において，その手続きの流れを誤って覚えているために，同じ間違いを常に繰り返している状態のことをいいます。

　Cさんは筆算で3桁×2桁の答えを求めることにほとんど失敗をしません。ところが，302×56 のように，被乗数の十の位が0の時に必ず間違えます。これは，Cさんが不注意でうっかり間違えたのではなく，この場合の一定の処理を誤って身につけてしまっている状態ですから，ゆっくり落ち着いて計算してもけっして正解にはたどり着きません。

　このように，手続き上のバグがある生徒に対し，指摘するのは簡単ですが，一度誤って学習したものを修正することは非常に困難で時間がかかる作業になります。

　Cさんには，3桁×2桁の計算問題を20題ほど用意し，その中には被乗数の十の位が0である問題を3題含めておきました。当然，Cさんはその3題を間違えます。そこで，本人に間違えた問題の類似点を指摘させます。「かけられる数の真ん中に0がある時」と本人が答えることができれば，今後自分が注意を払うべき点を認識できたことになります。ここに本人のメタ認知の力が必要になってきますが，自分の学習の誤りをモニタリングできるようになることで，修正も可能になります。「自分のやり方が間違えているようだから，正しい方法を教えてほしい」と言わせることができれば，指導がうまくいったと判断できます。

　この他にもCさんには，本人が気づいていなかった手続き上のバグが数か所発見されました。Cさんは誤りを自分で発見できるようになることで，正しい計算上の手続きを獲得することができ，計算の精度が向上しました。

90　第2部　インクルーシブ教育に向かう実践事例

現場レポート8　問題解決方略を活用する力をつける

> 　Dさんは努力家で，これまで一度解いた問題はしっかりと復習して必ず解けるようにするという習慣が身についています。しかし，数学の評定はいつも「4」で，なかなか「5」を取ることができません。Dさんの言い分は「テストに毎回習ったことのない問題が出されるので解けない」とのことです。数学の教師の立場からすると，「ちょっと数字や言い回しが変わっただけで，本質的な問題の変更はない」のですが，Dさんはその本質を読み取ることができません。

【実態】自閉傾向が強く，友人とのコミュニケーションがあまり上手に取れません。科学部に所属して活動していますが，協力して実験をすることは苦手で，1人で作業をすることが多いようです。しかし，本人はそのことをあまり気にしている様子もなく，学校生活では周囲の配慮によって大きな問題に発展することはありません。本人の悩みは，努力しているのに成績が上がらないことに集中しているようです。

【目標】これまでの経験を生かして，初見の課題に対応できるようになる。

【教材】やや難易度の高い市販の入試対策問題集から，Dさんの在籍校の学習進度に合わせて適当な問題を抜粋して使用。

【方針】家庭学習も十分に行っているDさんは，学校で習う基礎的な知識や技能は定着しています。したがって，初見の問題でも，すでに身についている知識や技能の組み合わせにすぎないことを見極めることができたら解けるようになるはずです。そこで，問題解決方略が意図的に使えるようになることが必要だと考えました。

【指導の実際】G. Polya は問題解決を「理解」「計画」「実行」「検討」の4つの段階に分けています。Dさんの場合，「理解」段階はクリアしているようですが，「計画」段階で上手に方略を使いこなすことができていません。やや難易度の高い入試問題は，この「計画」段階をトレーニングするのにちょうどよい要素が数多く含まれています。

　Dさんに対して特に何度も用いた「Polya のリスト」は，次のものです。

- 前にそれを見たことがないか，または同じ問題を少し違った形で見たことがないか
- 似た問題を知っているか
- 役に立つ定理を知っているか
- 似た問題ですでに解いた問題がここにある。その方法を使うことができないか
- 問題を言い換えることができるか
- 定義に返れ

　Dさんが解いたことのある教科書や問題集の問題は，すぐにふり返れるよう傍らに置き，

これらの問題解決方略を適宜提示しながら，初見の問題を解きほぐしていきます。これを繰り返し，Ｄさんには「Polya のリスト」でよく使うものを覚えていくように指導しました。

たとえば，一次関数の式を求める問題では，

　㋐傾きが 3 で点（0，4）を通る直線
　㋑点（2，10）を通り，切片が 4 の直線
　㋒2 点（1，7），（3，13）を通る直線

といったように，さまざまな問いかけの仕方をしますが，要するに「傾きと切片がわかれば式が求まる」という本質的な視点は共通しています。しかし，Ｄさんには㋐㋑㋒の問題が全く別の問題に見えています。

そこで，「Polya のリスト」を参照しながら，問題の相違点や類似点を調べていくことを繰り返しました。すると，Ｄさんにも問題に問われている本質的な内容が理解できるようになってきました。

このように「Polya のリスト」を使いながら問題を解くと，初見の問題でも解き方の方針が定まるので，Ｄさんにも自力で解けるという体験ができます。復習によって身につけるべきことは，問題の処理の仕方ではなく，問題解決の方略だということがわかったことで，Ｄさんの「習ったことがない」という言い訳はなくなりました。

実践事例 5-5　特別支援学校の ICT 活用

1　新学習指導要領と ICT 活用

平成 28（2016）年 12 月中央教育審議会「幼稚園，小学校，中学校，高等学校及び特別支援学校の学習指導要領等の改善及び必要な方策等について（答申）」では，「ICT の特性・強みを『主体的・対話的で深い学び』の実現につなげ，子どもたちに情報技術を手段として活用できる力を育むためにも，学校において日常的に ICT を活用できるような環境づくりとともに，学びの質を高める ICT 活用方法についての実践的研究と成果の普及が求められる」（中央教育審議会，2016）とあります。

近年では，スマートフォンを始め，タブレットや PC など，身近にあるテクノロジーが支援を必要としている子どもたちの学習やコミュニケーションツールとして活用されています。本事例では，特別支援学校における子どもたちや教員が主体的に ICT を活用した例を紹介します。

2 特別支援学校の児童生徒によるICT活用の実際

現場レポート9 知的障害教育部門（高等部）

修学旅行先がほとんどの生徒にとって初めての香川県だったため，香川大学教育学部特別支援教育コースの坂井聡教授のご協力のもと，Skypeで香川県と神奈川県をつなぎ，生徒が考えた質問を大学生に答えてもらうという事前学習を行いました。発語が難しい生徒でもカメラに向かって，文字で書いた紙を見せることにより，画面の向こうにいる大学生に伝えたいことが伝わり，それに対する回答をもらうやり取りを行いました。

修学旅行の当日，Skypeでやり取りをした大学生ボランティアと生徒たちが一緒に，金毘羅散策を行った際には，事前に顔合わせをした相手だからこそ，打ち解けも早く，安心した様子で活動に取り組んでいました。

現場レポート10 肢体不自由教育部門（高等部）

Eさんは伝えたい想いはあるようですが，緊張が強くなり，音声による発語は不明瞭な肢体不自由教育部門に在籍する生徒です。特定の人以外，自らの発信で関わりを求めていくことは難しく，周囲からの関わりを待っていること（受身）が多いです。

他者に自ら気持ちを伝えたり，発信したりできる場面を増やすことをねらい，Windowsタブレットと LINE アプリを使って取り組みました。

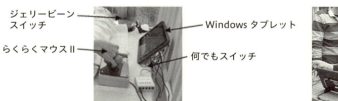

ジェリービーンスイッチ　　　Windowsタブレット
らくらくマウスⅡ　　　何でもスイッチ

まずは LINE のスタンプを使って，Eさんとの会話の内容を可視化し，好き（Yes）・嫌い（No）を聞き取りました。ドーナツとケーキの好き嫌いを聞いたところ，ドーナツは笑顔スタンプ，ケーキは頭を抱えるスタンプ

を選択していました。「ドーナツは好きで、ケーキはあまり好きではないってこと？」とＥさんに聞いたところ、大きくうなずきました。ドーナツもケーキも、これまで口元にもっていくと必ず食べていたため、周囲の支援者はＥさんに対して、「甘いものは何でも好きだろう」ととらえていましたが、実はこちらの思い込みだったのではないか、と反省しました。他にも、「フライドポテトは好き？」と聞いたところ、ハートのスタンプを5個連続して押していました。「フライドポテトが、とっても好きということ？」と確認すると、Ｅさんは笑顔で大きくうなずいていました。

好きなもの（Yes）と苦手なもの（No）が他者に伝わったり、好きなものに関しては、"どのぐらい好きなのか（程度）"を支援者と一緒に目で確認したりしながら伝えたりする経験を通して、Ｅさんは"自分の想いが伝わった"という実感ができたようで、特定の教員とのやり取りだけでなく、同じクラスメイトへの発信も少しずつ見られるようになりました。

表情豊かなLINEのスタンプを使ったやり取りを通して、スタンプによる会話はＥさんの微妙な気持ちを代弁するのに有効なツールの1つなのではないかと考えられました。

3 教職員によるICT活用

文部科学省が実施した「2020年代に向けた教育の情報化に関する懇談会」や「教育の情報加速化プラン」では、ICT機器や教材の良さを生かした授業を展開できるよう、ICTを用いた指導に関する教員研修の充実が求められています。ここでは児童生徒をアセスメントする際にICTを用いて行った教員研修を紹介します。

現場レポート11　VISCOを使った職員研修

動画研修アプリVISCO（PC上で、子どもの様子を撮ったVTRを見ながら画面上にあるボタンを押して、動画にマーキングすることができるアプリ）を使って、教員の資質向上をねらう研修を行いました。VISCOを使った研修プログラムとは、動画上にマーキングされた場面について、複数の教員間で話し合う活動を通して、子どもの行動をアセスメントしていきます。

研修を受講した教員からは、「子どもの行動要因（行動の背景）に注目したり、他の教員から新たな知

見を獲得したりすることができた」という感想がありました。

現場レポート12　iOAK を使った職員研修

アプリ iOAK（コミュニケーションに困難を抱える重度・重複障害のある人について、彼らの支援者からの働きかけに対する反応を「モーションヒストリー」を用いて比較することができるアプリ。これにより、動きの随意性や支援者からの効果的な関わりを探ることができる。https://itunes.apple.com/jp/app/ioak/id1114748413?mt=8）を使って、微かな身体の動きを教員同士で観察する研修を行いました。

歌手が歌っている曲を1分間かけ、様子を観察していると、対象生徒が右手と左足を微かに継続して動かしていたため、赤く色づきました。その後も同様の手続きで、ピアノ伴奏のみの曲を1分間流して観察していたところ、特に色の変容はみられませんでした。さまざまな刺激に対する生徒の反応の違いについて、教員間で確認し話し合うことで、生徒のスイッチのポジションやスイッチの形態を検討するケース会議を実施することができました。

4　特別支援学校の卒業生の生活支援

特別支援学校を卒業した後も、職場のアフターフォローや同窓会、文化祭などの学校行事を通して、卒業生たちと関わることがあります。その際に、その場で相談を受けることも少なくありません。ここでは卒業生相談ケースを紹介します。

現場レポート13　卒業生アフターフォロー

> 近々グループホームを出て、一人暮らしを始める予定の卒業生Fさんから、睡眠に関する相談を受けました。仕事が終わり、家に帰ってからご飯を食べ、それからインターネットで検索したり、音楽を聴いたりしていると、ついつい夜遅くまで起きてしまい、翌朝寝坊をしてしまいそうになることがあるそうです。

そこで、スマートウォッチの紹介をしました。最近では、メールの通知・目覚まし時計・万歩計などの限られた機能のみを搭載しているスマートウォッチであれば安価で購入できるようになっています。スマートフォンのアプリと連動させ、自分の睡眠時間をデータで

可視化したり，アラーム機能と連動させ，音だけでなく，腕につけたスマートウォッチのバイブレーションで目覚めをアシストしたりしてくれることを伝えると，今では貯金と相談しながらどのタイプにするか検討しているそうです。

5　特別支援学校のセンター的機能

　特別支援学校には，センター的機能として地域の児童生徒の教育をサポートする機能があります。平成29（2017）年6月の文部科学省小学校学習指導要領解説（国語編）（文部科学省，2017）では，障害のある児童への配慮についての事項の中で，「声を出して発表することに困難がある場合や，人前で話すことへの不安を抱いている場合には，紙やホワイトボードに書いたものを提示したり，ICT機器を活用して発表したりするなど，多様な表現方法が選択できるように工夫し，自分の考えを表すことに対する自信がもてるような配慮をする」とあります。ここでは，センター的機能として，近隣学校と連携してICT活用した事例を紹介します。

現場レポート14　公立高等学校　普通科

> 　Gさんは漢字を想起して書くことに苦手さがあります。また，自分の興味関心のあることが頭に思い浮かぶと，一方的にたくさん話したり，内容や話題を広げ過ぎたりしてしまうため，対人関係で悩み，自信をなくしていました。

　そこで，iPadとマインドマップアプリを使い，思い浮かんだ自分の考えを可視化させ，自身の目で確認しながら，似たような内容に関しては同一カテゴリーに整理したり，カテゴリーに関する内容にそって考えを深めたりする活動を繰り返し行いました。中でも

"高校生活でやりたいこと"を中心テーマに設定した際に，「語学を勉強したい，お菓子づくりができるようになりたい，アルバイトをしてみたい…」等をあげ，どうすればできるようになるか深めていきました。アルバイトに関して，巡回相談で出会う前までのアルバイト探しでは，行き当たりばったりの面接で不採用をもらっていたGさんでした。しかし，マインドマップを使って自身の強み・弱みを表現したことで，自分自身を少しずつ客観的に捉えることができるようになり，その後，工場でのアルバイトを見つけ卒業まで続けることができたそうです。また，「アルバイトの経験を活かし，食品関係の工場への就職が決まった」と高校から話がありました。

iPadを使ってマインドマップに入力していくことで，漢字の予測変換機能がGさんの書字に対する負担を軽減させ，手軽に自分の思考を整理させるツールとして役立ったのではないかと考えられます。

現場レポート15　小学校　通常の学級

> Hさんは読むことが苦手です。来校相談で読みのアセスメントMIM-PM（Multilayer Instruction Model-Progress Monitoring）をとってみたところ，読みに困難さがみられました。

家庭学習では学習タブレットを活用し始めているとのことだったため，他にも読むことをアシストしてくれるもの（文章を読み上げてくれるもの）として，VOCAペンとiPadではタッチ＆リードを紹介しました。現在，どのようにすればHさんが学習しやすいか，本人と保護者と学校で一緒に検討しています。

6　最後に

身近にあるテクノロジーは，支援を必要としている児童生徒の生活や学びを支えてくれるツールとして今後ますます広がることが予想されます。学校を卒業した後の生活をイメージしながら，ICTとうまく付き合っていけるように，教員の知識や技術も，今後より一層求められることでしょう。

また，通常の学級における支援を必要とする児童生徒の日常生活での教育現場でのICT活用については，現場での利活用の事例が少ないために，周囲の理解を得にくい現状があります。合理的配慮の観点からも，多様な学び方を受け入れる土壌としての環境を整える必要があります。

第6章

もっと職業教育を
―実践を通して―

　本章では，職業教育の実践事例を 4 つ紹介していきます。

　実践事例 6-1 では，小学校の 21 世紀型スキル教育のまさに最先端の取り組みで，「21 世紀型スキル」をすべて包含した実践であることはいうまでもありません。「21 世紀型スキル」の 10 のスキルと学校現場での具体的な日常活動を丁寧に結びつけ，織物のように織り上げています。働く方法の中核に位置づけられるアクティブラーニングの先駆的研究です。従来の教師主導の授業風景とは違い，全教科にわたって，自発的な，学び合いによって学習を深めている子どもの姿がそこにはあります。これからの社会では，異年齢の人々が小グループでコミュニケーションを重ねながら，問題解決的にイノベーションを起こすことが求められています。

　実践事例 6-2 では，普通科高校の職業教育において，これだけ充実した就労に向けた教育が実践されていることにまずは驚かされます。ここでは，触れられてはいませんが，「バイターン」という「生徒が企業内で教育的なインターンシップと職業的経験であるアルバイトをあわせて体験する教育的有給職業体験プログラム」については論議が深められつつあります。

　実践事例 6-3 では，特別支援学校の職業教育のノウハウが通常の小中学校や高等学校に活用できるのではないかという提案をします。学校生活より，はるかに長い職業生活への適応や継続はどのようなことが大事でしょうか。就労に向けて，第一は自分の興味関心，得意を知り，自信をもつこと，第二は社会の一員となる喜びを知り，そのために必要なソーシャルスキルを学習すること，第三は「ジョブマッチング」，第四は「ジョブコーチ」のようなスモールステッププログラムによる支援が必要となるでしょう。

　実践事例 6-4 では，平成 25 年法律第 65 号「障害を理由とする差別の解消の推進に関する法律」（通称，障害者差別解消法）により義務化された「合理的配慮」について，特例子会社の例を通して考えます。

第 2 部　インクルーシブ教育に向かう実践事例

実践事例
6-1 小学校の 21 世紀型スキル教育

1　はじめに

　これは，横浜市の公立小学校の校長として 8 年間，どの子も生涯を幸せに生き抜いていく力（生きる力）の育成を願い「新しい教育・学校づくり」に挑み続けた記録の一部です。子どもは，未来を担う「国の宝」です。保護者や地域には必ず，子どもを中心に「学校愛」をもつ人たちが存在するという自身の信念に基づき，子どもを中心に学校が発信源となりネットワークを広げ，絆を深めることで「開かれた学校」として変革していった成果の記録でもあります。

　学校・家庭・地域は，協働して子どもを育む共に，各々役割と責任を有しています。そして，学校は発信源として，「子どもが未来に夢を育むコミュニティー白幡小を創る」という中・長期的なビジョンをもち，一貫した「どの子にも学力と人間関係力を付ける」という明確な目標を掲げ，Something New（前例踏襲しない）の理念のもと，日々，カリキュラム開発，授業改善を続けました。

　この信念を確固たるものにしたのは，平成 18（2006）年の文部科学省の派遣で，フィンランドへの教育視察でした。当時，国際学力調査（PISA）世界一を誇示する「教育大国」は，「人材が資源」を基盤としていました。1990 年代後半の学力の低下の指摘から脱却するために，1997 年を「読解力年」とする等，国を上げて学力向上のためストラテジーを明確にしたさまざまな取り組みが展開されていました。

　特に注目すべきは次の点にありました。

- ・基礎学校において，語学教育の徹底を図る
- ・就学前教育（6 歳児プリスクール 90％）から高度な遊びを通した学習の導入
- ・義務教育を小中一貫（1〜9 年）9 年間を通して子どもの成長を把握
- ・「大学入試」と同じ価値で，フィンランド人として「職業人のプロ」を育成
- ・「やり直し」のきくシステムとして，大学と社会が自由に行き来できる体制の確立
- ・基礎教育と特別支援教育の連携の強化，読み書きのスキルを高める

　中でも深く感銘を受けたのは，「基礎教育と特別支援教育の連携の強化」と共に，インクルーシブ教育を基軸とした教育，その中心にまさしく特別支援教育が位置づけられた仕組みでした。「結果の平等」を子どもの将来の目標として，特別支援が必要な子どもたちには，スペシャルティーチャーとよばれる大学院を卒業しさらに専門の教育を受けた教師が，手厚い指導にあたっていました。フィンランド教育局の幹部の方からうか

がった「そのような子どもたちの中から，現在のフィンランドを支える優秀な人材が輩出されている」という言葉が，今でも心に鮮明に残っています。

8年間貫いたことは，テーマ「21世紀グローバル社会に必要な豊かに学び合う力の育成」のもとに，「どの子にも学力と人間関係力を」「学びの主役は子ども」を合言葉として，特別支援教育を学校教育の中心におき「21世紀型スキル」と「インクルーシブ教育」を融合した教育を目指したことです。実践の一例を述べていきます。

2　目指す学力の共通理解と5つのプロジェクト
(1) 目指す学力の共通理解

学習指導要領を具体化するためには，教育の目的とこれまでの経緯，日本の児童・生徒の学力の現状と課題等が背景にあることを理解した上で，まずチーム力を発揮できるようこれからの時代に求められる学力観について教職員全員で共通理解を図りました。PISA調査における近年の日本の児童の学力の状況を受けて「自ら学ぶ力」として次の3つの力を明確にしました（図6-1）。

(2) 白幡小プランと5つのプロジェクト

自主的な学習力を高める言語活動の充実のためには，教職員間での共通理解にとどまらず学校・家庭・地域と共に，児童に育てたい力の共有を図る必要があります。そこで，「どの子にも"学力"と"人間関係力"を付ける！」というキーワードを設けました。学力は，「考える力と学ぶ意欲」，人間関係力は「協同して学び合い高め合う力」を指しています。そして，「学校できっかけ・発見，家庭で定着，地域で活用」というわかりやすい合言葉を設け，積極的な発信を行うことにしました。

学校運営方針「白幡小プラン」（井上・永池，2014）の策定に合わせ，「白幡小プラン」の短期的（単年度）な目標を支える5つのプロジェクトを設定すると共に，教育用語を避け，誰にもわかるやさしい言葉で示しました（図6-2）。この5つのプロジェ

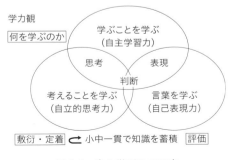

図6-1　自ら学ぶ3つの力

100 | 第2部　インクルーシブ教育に向かう実践事例

プロジェクト1	得た知識や技能を次の学習や生活に活用する力をつけます
	―そのために読書好きの子どもにします
プロジェクト2	健やかな身体と体力づくりで生きるための基盤の力をつけます
	―そのために外遊び好きの子どもにします
プロジェクト3	子どもたちの学習習慣の確立を図ります
	―そのために家庭と地域と連携を図ります
プロジェクト4	心の教育を推進します
	―そのために挨拶運動や清掃活動を通して，思いやりや礼儀，感謝の心を育みます
プロジェクト5	地域参画型学校運営を目指します
	―そのために白幡小いちょうの会を立ち上げ，子どもたちの学習支援等を行います

図 6-2　「白幡小プラン」の短期的な目標を支える 5 つのプロジェクト

クトは知・徳・体のバランスの取れた児童の育成，並びに地域参画型学校運営の実現に向け，有機的，創造的な組織として，校務分掌化し推進の母体としました。また，PDCA サイクルに沿い，学校評価（児童・保護者・教職員アンケート）とも連動させ，毎年の見直しを行うための指標としました。

　21 世紀型スキルとインクルーシブ教育の融合を見据えた視点での関連が深いプロジェクト I （読解力と読書）とプロジェクト V （地域参画型学校運営）についての例を次にあげます。

3　どの子にも言葉の力を：言語活動を充実させるための方策

　知識基盤社会を幸せに生き抜いていくためには，言葉の力はすべての基盤能力であり必須の力です。前述したフィンランドの取り組みにおいても校種や教科を越えて重要視していたことが，語彙力の強化であり，読み書きのスキルを高め，読書活動を重視したカリキュラムの開発でした。そして，国民を上げて「読書は学力」という風土がありました。これは当時のフィンランドに限らず，日本においても平成 12 （2000）年の PISA 調査の結果を受けて（PISA ショック），「読解力の向上」「各教科等を貫く言語活動の充実」「学習の基盤的能力の育成」というように，20 年以上も前から言葉を変えながらも，重点化するよう，国が求め続けている施策でもあります。次にその具体的方策を述べます。

現場レポート16　プロジェクト I における取り組み

1）めきめきタイム（時間割の改善）で，語彙の力をつける！

　「井上メソッド・漢字ステップワーク」（井上一郎（編著）Gakken）や「マイ辞書」等の全校展開のため，朝の時間の 15 分タイムを「白幡めきめきタイム」と名づけ，年間を

通して，時間割の中に位置づけ，短時間で繰り返し練習学習ができるようにしました。

自主的な学習力をつけるためには，語彙の量の獲得は必須です。例えば，習熟の状況で繰り返しの頻度が違う「井上メソッド・漢字ステップワーク」の利用や「読める漢字・書ける漢字・使っている漢字」を日常の中で，「当該学年の漢字は読める，既習の漢字は書ける，そして日常の中でノート等で漢字を使っているか」と意識させるようにしました。

「マイ辞書」全校展開

また，「マイ辞書」全校展開を行い，集会で辞書引き大会を行ったり，日常の学習や活動の中で，わからない言葉に出合ったら，すぐに辞書を引いたりする習慣をつけることに，全校を上げて取り組むようにしました。

2）国語の授業を変える！

単一の教科書教材だけで授業づくりを行っている限り教職員の意識は，学習で学校図書館を活用していくことには向かいません。教職員が学校図書館の充実への必要性を実感する「本を活用した授業への改善」を図りました。

教職員の意識改革を初めの一歩とし，文学的文章を扱った単元では，低学年は昔話や物語の構成要素がわかる絵本など，中学年では，民話やシリーズ，高学年では，同一作家の作品等，授業改善を通しながら，複数の本を活用した単元を構想していきました。また，説明的文章の扱いでは，調べ学習等が対応できる「学校の図書館」への改造を目指しました。そして，読書活動を年間指導計画に位置づけたカリキュラム整備を行い，いつでも活用できるシートやカード等に整えていくなどの工夫改善を図りました。

3）子どもの読書生活の充実を！

授業改善に伴う読書紹介や語り・読み聞かせのみならず，全校上げてのブックウォーク（目標をもった読書）への取り組み，いつでも読みたい本が手元にあるブックボックス（クリアボックス）への取り組み，そして，図書委員会の児童を中心とした読書イベント「紙芝居の日」「スタンプラリー」「読書郵便」「おすすめの本コンテスト」等，工夫して取り組みました。

子ども同士の読み聞かせ

4）自主的に学習を進める力をつける！　ペアで，グループで，全体で

「21世紀型スキル；10年後，20年後の日本の社会を担っていく子どもたちに必要となる学力は？」そう問われたとき，コミュニケーション力と柔軟に対応する力だと答えます。今よりも海外が身近になっていることでしょう。そんな社会の中では，異なる文化や環境で育った人と，時には相違点も乗り越えながら，仲間として，また同時代人として，何かを成し遂げて

全教科の学習を自分たちで進める

102 第 2 部 インクルーシブ教育に向かう実践事例

いく力が求められることになります。司会力，対話力，質問力，話し合い，記録する力など，自主的に学習を進める力をつけるため，日常の学習の中でペアやグループといった少人数による言語活動を全教科で取り入れました。必ず一単位時間の中にペアやグループ学習の時間を位置づけ，また，教職員の授業観への転換を図るため，講師による PISA で好成績を上げている諸外国の授業風景のガイダンスや，先進校の視察報告会により，主体的に学ぶ児童の姿を具体的にイメージできる研修を多く取り入れました。教職員の授業観を画期的に変えたことの 1 つに，1 年生の児童が，その日司会ができることを喜びに登校してくる姿や保護者からの賞賛の声が多く上がったことがありました。どの子にも言語活動量を保障することは，自分が学習を進めたという成就感や友だちと協力して得た達成感につながり，それは子どもの自己肯定感を育むと共に人間関係力をつけていくことがわかりました。

現場レポート17 プロジェクトⅤにおける取り組み：開かれた学校

　手提げカバンをもち，楽しそうに学校に向かう子どもたちがいます。学校は休みのはずの土曜日。教室からは，「ねえねえ，先生，ここどうやるの？」4～5 人の児童に 1 人の割合でついている先生に気軽に声をかける子どもたち。これは，平成 21（2009）年から白幡小学校で始まった土曜塾の様子です。土曜日の午前中，本校の希望する児童を対象にした「読み・書き・算」「なかよし英語」や「おもしろ科学体験塾」が開催されています。本校児童 676 人の約 2 割が参加，年間 30 回ほど開かれ，講師は学生や保護者で例年 30 人弱の登録です。平成 20（2008）年，着任当時，本校の児童も国の課題と同様，学力に二極化がうかがえました。都市型の学校であることも相まって地域とのつながりも希薄だったり，家庭学習もままならない環境の児童もいたりと大きな課題を抱えていました。翌年，学校教育ビジョン 2020「子どもが未来に夢を育むコミュニティー白幡小を創る」という長期目標のもと，学校支援地域本部「白幡小いちょうの会」が立ち上がりました。平成 23（2011）年には，日々の児童の教育活動に深く関わってくださる方々で組織された白幡小学校運営協議会の設立も叶いました。

　また，東日本震災のこの年，PTA 会長を中心として，保護者の人脈や経験を活用し，学校に積極的に「社会」を入れる教育を試みました。作曲家，日本画家，人間国宝の歌舞伎役者，コピーライター，デザイナー，外交官，五輪メダリスト，TV アナウンサー，園芸家などオーセンティックな出前授業，それを教師たちがカリキュラムに位置づけコーディネイトしていきます。『本物にふれる授業』に子どもたちの未来への夢が広がり，まさに「閉鎖的である」といわれる学校が，「開かれた学校」として大きな変革を遂げた瞬間でした。

4　おわりに

　「ぼくは，英語を勉強して海外で活躍する人になります。」卒業式壇上での個別支援級

第 6 章　もっと職業教育を—実践を通して—　103

Ａさんのスピーチです。参列者が息をのみました。前に出ることがなかったＡさんの堂々たる姿，土曜塾「なかよし英語」で培った自分への自信，そして明日への夢，そこにはＡさんを支える大人たちの絆と愛がありました。子どもを中心とした学校・保護者・地域社会協働の「学び舎」の実現でした。

実践事例 6-2　高校の職業教育

1　クリエイティブスクールについて

　神奈川県立田奈高等学校は，平成 19（2007）年，県立高校改革推進計画に基づく新タイプ校として「学習意欲を高める全日制の新たな学校のしくみづくり（クリエイティブスクール）」の指定を受け，平成 21（2009）年度より新たな入学者選抜制度により生徒を受け入れることとなりました。

　クリエイティブスクールは，「中学までに，持っている力を必ずしも十分に発揮しきれなかった生徒を積極的に受け入れ，社会で必要な実践力を育む学校」とされ，入学者選抜では，調査書の評点（5 段階評定）は選考資料とせず，学力検査も実施しません。代わりに，調査書における各教科の観点別学習状況の評価や面接の結果などで合否判定を行います。意欲をもちながらも中学時代に結果を出せなかった生徒，学力に課題があっても学び直しの意欲をもつ生徒を積極的に受け入れる学校として再編された公立の高等学校です。

　その生徒たちの多くが「成功体験が少ない」「人間関係が構築できない」「自己肯定感がもてない」等の本人の特性に起因する課題のほか，家庭環境など本人に起因しない外部要因に由来する課題が存在します。また，日本語の運用がままならない外国につながる生徒も一定程度在籍しています。さらに，これらの課題がいくつも重複している生徒も多く，全日制普通科でありながら，実態として，通信制や定時制の高校と同様の傾向をもつ生徒が多く在席する学校といえます。

　経済的に困窮しているケースでは，進路先として進学を想定することが難しく，したがって就職希望が多くなります。クリエイティブスクールは，当初県内に 3 校開設され，平成 29 年度より 5 校に増設されましたが，他のクリエイティブスクールでもこの傾向は共通しています。

　就労に向けてのきめ細かな支援を必要とする生徒が多数在籍する本校で，従来型の全日制普通科の「就職指導」とは一線を画する形の「就労支援」をどのように行ったらよいかについて，さまざまな形を模索し続けてきました。

　クリエイティブスクールのミッションは，多様で重層的な困難を抱える生徒を支援教

育的な視点から支え，社会的自立につなげることにあります。「高校の職業教育」という見出しのもと，本実践事例では全日制普通科の新たな「就労支援」について報告すると共に，社会的な課題を含む多様な困難を有する生徒たちを普通科教育のキャリア支援の中でどのように包摂していくかについて課題提起をしていきたいと思います。

2　就職指導から就労支援へ

　平成 29（2017）年 3 月時点の全国の高校卒業者の就職希望率をみると，普通科が8.3％，工業や商業を始めとする専門学科は 47.3％です。就職を主な進路先とする専門学科と異なり，普通科における就職希望者は依然として少数といえるでしょう。

　高卒の就職にあたり特徴的なこととして，過去には「一人一社制」と「推薦指定校制」，いわゆる学校推薦という形があり，8 月に生徒を会社見学に行かせた上で就職担当教員と企業の採用担当が連絡を取りながら事実上の内定が得られました。9 月半ばから始まる就職試験はいってみれば形式上のもので，ほとんどの場合，就職担当教員にも特別な知識や技能が必要とされませんでした。普通科高校でも 9 月末までには就職希望生徒の 2 人に 1 人程度が内定を得られ，10 月までに就職内定が決まらない生徒には進学に切り替えさせるなどの指導をすることもよくありました。

　しかし，バブル経済終焉に伴う経済不況が長期化する中，リーマンショック等で高卒求人数は激減したまま戻らず，一方で高卒者の職業観や企業の雇用形態が変容したことを踏まえて，大きく高卒求人のあり方が見直されることとなりました。

　平成 14（2002）年 3 月，厚生労働省より「高卒者の職業生活の移行に関する研究」最終報告が出され，キャリア教育の推進と表裏一体の形で高卒就職の自由化が始まりました。ネットワークによる求人情報の共有化が進み，指定校によらない応募機会の確保に向けた働きかけがなされて，高校側では，従来の慣例に支えられた形の就職指導では済ませられない時代が到来したのです。

　一方，本校の就職指導においては，クリエイティブスクールとしての「支援教育」の枠組みの中で「就労支援」としての取り組みを行っています。教育活動における 4 つの支援の軸として，学習支援，生徒支援，活動支援，およびキャリア支援を設定し，それぞれの切り口から生徒の困難を可視化した上で，生徒の卒業後の社会的自立に向けて支えていくスタンスを確保しています。このうち，特にキャリア支援については，多様な困難を抱える生徒が在籍するクリエイティブスクールのミッションを踏まえ，従前の「就職指導」にとどまらず，障害者自立支援法の見地に基づく「就労支援」という考え方を前面に打ち出しています。全日制普通科高校でありながら，高卒就職の自由化の流れの中，支援教育の視点からの指導──それも単なる「出口指導」でなく，外部機関との連携により，就労に絡む生活支援を行ったり，就職後の個別ケアを含む継続的支援を行うなど，従来の就職指導の概念を超越した指導を行っています。

第6章　もっと職業教育を―実践を通して―　105

　さらには，卒業者の全員が就職希望者というわけではなく，大学・短大，専門学校等
への進学を含む多様な進路保証を前提に，軽度の知的障がいを含む多様な困難を有する
生徒への就労支援を行う本校のキャリア教育そのものが実態としてまさしくインクルー
シブ教育の実践例になっています。

3　社会的自立を目指すキャリア支援の枠組み

(1)　対話型の生徒指導と生徒支援

　上述したように，クリエイティブスクールへ入学する生徒は，学力的な課題に加えて，
生活面の課題も付随するケースがほとんどであり，したがっていわゆる生徒指導上の課
題を抱える生徒も多数在籍します。学び直しの場の保証には，生活指導 ―― 本校の枠組
みでは「生徒支援」の一部として位置づける ―― の課題解決が並行していきます。

　本校では，いわゆる管理的な生徒指導でなく，生徒が抱える背景事情にまず目を向け，
対話を重視する形の指導を行います。頭ごなしの指導は，生徒との対話を不可能にする
ばかりか，高校入学以前にほとんど学習活動に参加できなかったり，障がいを抱えてい
たり，家庭環境が整わなかったりするケースでは，本人が「学校から排除された感覚」
をもった途端に学びの場から退場してしまうことがあります。課題行動が発生した際に
は，まずその行動の背景をしっかり見極め，生徒との対話を優先しつつ，当人の抱える
困難に寄り添いながら，課題の解決を粘り強く図っていきます。この指導の形は，過去
大量の中途退学者を出した時代から受け継がれた教員の知恵ともいえるでしょう。

(2)　キャリア支援の前提条件としての多面的な支援軸

　生徒支援にとどまらず，授業展開でも「学習支援」という考え方が中心となります。
たとえば，基礎的な学習内容でつまづきがある場合，生徒の特性や困難を理解した上で
個別支援を行います。そのための仕掛けとして，例えば放課後の学び直しの取り組みと
して「田奈ゼミ」という個別支援の場を設定し，外部支援団体や地域ボランティアの支
援を入れていきます。

　さらには，学校行事や部活動を支えるための「活動支援」を行います。中学校時代ま
でに学校行事などにあまり参加してこなかった生徒，あるいはほとんど注目される経験
がなかった生徒が本校の行事で前面に出て活躍の場を得たりすることで，自己有用感の
育成につながっていきます。学校生活全体を通して，多様な課題を抱える生徒たちが自
己肯定感をもち，承認される喜びを知り，さらには大人を信頼するようになっていくの
です。

　生徒支援，学習支援，活動支援の３つが学校生活で有機的に機能することで，キャ
リア支援の前提がつくられるという考え方を学校はもっています。つまり，社会的自立
に向けた手立てとしてのキャリア支援を効果的に回すには，生徒が上記のような学校の

支援の枠組みの中で一種の前提条件をクリアしていくことが重要となります。逆にいえば、自己肯定感もなく、授業での学び直しの喜びも味わえず、教員と対話もできない、大人への信頼も乏しいという生徒が就労支援の土俵に乗ることは難しいのです。

(3) キャリアカウンセリングの導入

　チーム学校という考え方に基づく新たな学校組織のあり方が注目される中、生徒支援については、小中高共に、スクールカウンセラー、スクールソーシャルワーカー、部活動指導員等が導入されていますが、高等学校におけるキャリア支援については、なぜか外部人材の導入は俎上に上がりません。考えてみれば、小中学校では進路先として上級学校を主としていて、外部の専門人材によるキャリア支援という考え方がなじまないのかもしれません。高校でも、卒業生の全員が進学をしていく進学重点校や、専門学科高校のように会社・事業所との結びつきに基づく就職が中心の学校にあっては、担当教員だけでほぼ進路指導が円滑に行われることも多く、外部人材が手厚く進路指導に関わるモデルはなじまないところもあるでしょう。ところが、本校のように全日制普通科の高校で大半が就職希望であり、しかも重層的な困難を抱える生徒が多く、それでいて特別支援学校のような個別支援の枠組みをもたないという状況では、外部資源や外部の専門人材と連携することの重要性が格段に高くなってきます。

4　学校をプラットフォームとしたワンストップの就労支援を目指して

(1) スクールキャリアカウンセラーの導入

　クリエイティブスクールの新たなキャリア支援の枠組みを模索する中、就労支援の実務を担う支援員として、教員にはない経験と知識を有する外部専門人材を導入し、キャリアカウンセリングを軸とした就職指導を開始しました。これが現在では、スクールキャリアカウンセラー（以下、SCC）として定着しています。

　SCCは、キャリア支援担当教員および学年担当教員と連携して生徒の就労支援を行います。就職希望生徒との個人面談を重ねながら、生徒一人ひとりの特性や状況（意欲、経験、能力、家庭環境、保護者の意向等）を正確に把握し、教員との情報交換を通じて支援方針を共有しつつ、あらゆる必要な支援を組み立てていきます。特に、生徒のアセスメントを基に、膨大な数の求人票の中から一人ひとりに最適なものを選び出し、カウンセリングをしながら提示していくことは、教員の長年の経験と勘だけではカバーできない仕事といえるでしょう。

　一方で、個々の生徒の社会的・職業的自立の可能性を高めるための取り組みとして校内で「さくら咲くキャリア教室」と称する教育プログラムを企画・実施したり、外部事業所や企業への訪問、あるいは就労体験を通したスキルアップの機会を設定する取り組みもSCCの業務として行っています。すべては、産業カウンセラー等の経験に基づく

専門性を活かした支援です。

（2）外部資源との連携によるキャリア支援

　本校では，平成 24（2012）年度に横浜市青少年局の全面的な支援を得て，よこはま若者サポートステーションと連携した相談支援を開始し，現在でも「田奈 Pass」という名称の継続的個別相談を年 30 回程度行っています。

　また，地元企業法人会の強力なバックアップのもと，1 年生全員を対象とした職場見学体験や 3 年就職希望者の面接講習等を実施しています。他にも，生活保護のケースワーカーと連携したり，障がい者の就労支援につなげるなど，多様な外部資源をキャリア教育に活用しています。

（3）キャリア支援センター

　クリエイティブスクール特有の生徒に対する就労支援の中で，SCC の支援からも漏れていくような重い困難を抱える一部生徒への支援として，外部の力を借りるケースもあります。あるいは，就職後にさまざまな理由から離職してしまう卒業生もいます。持続的な就労支援を行う本校では，卒業後も彼らを外部資源につなげながら支援をする取り組みをしています。

　重層的な課題を抱える多様な生徒のために重層的で多様な就労支援を組み立てる本校独特の就労支援モデルを運営するためには，従来の進路指導教員やキャリア支援グループだけの形ではうまくいかないことが早くから見えていました。その解決のために，本校では「キャリア支援センター」という外部連携に特化した部署を設け，その事務局長に外部と校内の機動的な連携を図るという特命を託すこととしました。目下のところ，キャリア支援グループとキャリア支援センターの有機的なつながりがさまざまな生徒の就労支援にうまく機能し始めています。

（4）学校をプラットフォームとした継続的な伴走支援について

　重層的な困難を有する高校生は，クリエイティブスクールだけでなく，他の高校や特別支援学校にも在籍しています。しかし，こと就労という切り口から考える時，全日制普通科の教育の中でこのような生徒をどう支え，どのように就職に導き，さらに卒業後もどのように支援の糸口を残しておくかということが重要なポイントとなります。一方，社会の側から見れば，外部資源を学校に有機的につなげ，学校にワンストップ的な機能をもたせることができるならば，学校を継続的な伴走支援のためのハブとして位置づけることが可能となるのです。子どもの貧困対策が話題となる現代社会の中で，全日制高校の就労支援のあり方が大きく見直される時期を迎えていることは間違いないと思われます。

実践事例 6-3 特別支援学校の職業教育（小中高）

　特別支援学校だけでなく，小中高等学校すべての児童生徒が「働くこと」を通して，学ぶおもしろさや学びへの挑戦をもち続けていくヒントとなる実践を3つ紹介します。

　1つめは，普段なかなか見ることのできない特別支援学校卒業生の生活の様子から問題提起します。2つめは，小中高12年間の中で「何を学ぶか」を，実際の児童生徒の学びの様子から，教育課程に編成している実践を紹介します。そして3つめに，一般の高等学校の授業や進路指導に，特別支援教育の視点がもつ可能性についてお伝えしたいと思います。

1　特別支援学校卒業後の姿から

現場レポート18　卒業生Iさんの1日：休日編

4：00 起きる。睡眠4〜5時間

掃除機準備

趣味のパソコン

6：30 パンを焼く（コーヒーつき）

洗濯

炊飯

9：00 図書館へ

目当ての本発見

帰宅

第 6 章　もっと職業教育を―実践を通して―　　109

 → →  →

11：00 買い物へ　　自販機でジュース購入　　スーパーで買い物　　帰宅

公園の寄り道，コンビニで立ち読みなど，総走行距離 5.7 kmの買い物

13：15 地域のスポーツサークル。自分で決めたパターンの生活が多いので，引きこもり防止のため，この 2 時間は，キャプテンの言うことを聞いて体を動かす

現場レポート19　卒業生 I さんの 1 日：平日編

 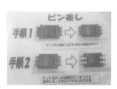 

8：50 福祉事業所に到着すると，この日は選べる給食　　写真による手順書　　日課の確認

誰と何をするのかを約束するノートや，視覚的な支援で仕事に向かう

9：00 1 階でチラシ折りのはずが…2 階の封入作業と行ったり来たり　　　　12：00 マーボーを選んで運ぶ。女子と食べたい。入れて〜

あえなく撃沈…

男子飯

セルフで片づけ

15：40 掃除

得意の掃除機

15：50 ロッカーで帰りの身支度

16：00 退勤　定期をタッチすると母にメールが届く

16：13 電車乗車

16：40 寄り道して帰宅

17：00 風呂掃除

炊飯

洗濯物をしまう

家族がゴミをここに入れておくと，翌朝Ｉさんが出してくれる

仕事の後はネットの時間

　社会に出て働くＩさんの様子はいかがでしょうか。私は，小さくてかわいかった中学部時代の彼が，街を１人で歩き，電車に静かに乗り，買い物を楽しむ生活ができるようになるとは思っていませんでした。聞かれたことにオウム返しが多く，ユニークな文字を書き，日課変更が苦手で，一人言をずっと話していた彼が…。自立への鍵は何なのでしょう。

　彼は，福祉事業所から帰宅するまでに，たくさんの近所の方に声をかけられます。（彼は

挨拶の達人で，自分から声をかけることも多いのですが…）福祉事業所でも1階と2階を往復している彼を，みんなが受け入れるあたたかい雰囲気がありました。

何より彼が家族から愛され，必要とされ，家庭の中で自立した生活を送るための工夫の数々に感動しました。彼のこだわりを障害として捉えるのではなく，「お米をといでくれるなら100円均一の米とぎ専用ボウルを用意しよう」「コーヒーをいれるならみんなの分もいれよう」「買い物に出かけるならトイレットペーパーも買おう。店員さんには，1,000円札で払うからお釣りを渡してと頼んでおこう（足りない時は謝ろう）。」といった手立てや配慮の連続が，気づけば地域が彼と共に生きていくことを当たり前にし，彼の社会参加につながっているのだと感じました。「ゆくゆくは，グループホームで暮らせるようになってほしい」という保護者の願いもうかがうことができました。

さて，次項では卒業後の姿をヒントに「生きる力」を育む教育課程を考えます。

福祉事業所の近くにある5人で生活するグループホーム

2 教育課程から

現場レポート20 小中高12年間の教育内容：えびな支援学校の実践

神奈川県立えびな支援学校は，独自の生きる力の視点（図6-3右）で，環境とのかかわり（児童生徒が人や物とどのように関わっているか）を捉え，今の生活を豊かにしていくことから自立に向けた可能性や手がかりを探ります。指導計画作成の際には，教育内容表（表6-1）を手がかりに，いつ，何を，どのような順序や関連で学ぶのか，児童生徒のキャリア発達を捉え，系統的に指導していこうとしています。

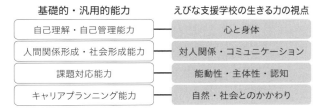

図6-3 キャリア教育の基礎的・汎用的能力の視点と生きる力の視点の関連

表6-1　えびな支援学校の教育内容表「作業」

大項目	小項目	小学部低学年 I	小学部高学年 II	中学部 III	高等部 IV	高等部 V
心と体	自分の役割	教員と一緒に係の仕事を行う。	**目的をもって係の仕事をして戻ってくる。**	自分の作業内容や分担，手順がわかる。	作業全体を把握し，工程や分担を理解する。	自分の仕事に責任をもち最後までやり遂げる。
コミュニケーション	指示理解・応答と遂行	他者の働きかけを受け入れる。	・指示や説明を傾聴しようとする。 ・自分の意思を伝える。	・指示がわかり，受け入れて行動する。 ・意思や仕事の状況を伝える。	**・意見をすり合わせた上で仕事に取り組む。** **・職場で求められる人間像（素直である，明るい，協調する，感謝の気持ちを表す，思いやりがあるなど）を知る。**	
能動性・主体性・認知	道具の扱い	玩具や道具の正しい使い方がわかる。	道具の名称がわかる。	**機器や道具の操作，給仕の仕方を知る。**	・機器の手入れや，ポリッシャー，モップなどを使った清掃をする。 ・接客の技術を知る。	
	仕事の量	はやくや，たくさんがわかる。	時間や量を意識し作業を進める。	自分で時間や量を意識する。	納期を意識して作業を進める。	
社会とのかかわり	現場実習	身近な人（家族など）が仕事をしていることを知る（パパかいしゃなど）。		働くための基礎知識，情報機器の使い方を身につける。	現場実習についてわかる（体験する，評価を受け止める，評価に向かってチャレンジするなど）。	

＊小学部は学習指導要領の「生活」，中高等部は「職業・家庭」の内容と関連
＊教員の経験や勘に頼らず，ライフステージ（Ⅰ～Ⅴ）に沿って配列

(実際のものより一部変更あり)

現場レポート21　特別支援学校の移行支援教育

教育内容表を活用した授業実践を，表6-1の太字部分中心に紹介します。

1）小学部：目的をもって係の仕事をして戻ってくる

　この児童は，係活動が終わると先生にカードを見せて報告しています。場所カードで「ここに遊びに行きたい」と伝えることもできました。

　「お仕事中カード」を首からぶら下げておくと，違う場所でフラフラしていても，校内の先生が「食堂はあっちだよ」と声をかけてくれます。6年間でいろいろな係を目的に応じてできるようになるとよいですね。

第6章　もっと職業教育を―実践を通して―　113

 →  →

牛乳パックを運ぶ　　　　　　食堂で捨てる　　　　　カードで「できました」の報告

2) 中学部：機器や道具の操作，給仕の仕方を知る

　中学部になると，作業学習が始まります。さまざまな道具を用途に応じて使えるようになります。農園芸班では，土づくりのふるいが難しいため，2人組で大きなふるいにかける様子が見られます。

　一輪車の土運び　　　畑の水やり　　　土ふるい　　　2人組でふるいかけ

3) 高等部：意見をすり合わせた上で仕事に取り組む

　高等部では，隣接校の県立中央農業高校における「福祉と農業」という授業と連携して作業学習を行っています。中央農業高校生とコミュニケーションを図りながら，協働して支柱を立てたり，収穫した夏野菜のカレーを試食したりする様子が見られます。プランターでは，視覚的にどこに苗を植えたらよいかを絵で示すなどの工夫が見られます。卒業後に職場で求められる，素直さ，明るさ，協調性，感謝の気持ち，思いやりなどが，しぜんに身についていきます。

支柱立てや間引きなどの協働作業

プランターへ植えつけ　　収穫物を食堂に　　　　　収穫した野菜の調理
　　　　　　　　　　　　お届け

3 高等学校との連携から

中央農業高校生と支援学校の生徒が，教える，教えられるという関係ではなく，お互いに学び合う様子が見られます。中央農業高校生の中には，「福祉と農業」の授業に影響を受け，社会園芸学科や社会福祉学科などへの進学を決めた生徒もいます。このような交流および共同学習の他に，職業教育や就業支援につながる取り組みを表6-2にまとめました。

また，えびな支援学校の移行支援（進路）担当が，中央農業高校の障害のある生徒の就労に向けた相談を受けています。移行支援教育の流れ（表6-3）を基本に，本人との進路面談を経て現場実習に向けた課題を整理し，実習やハローワークなど関係機関との関わりを支援します。

このように，特別支援学校のノウハウの活用は，高等学校の進路指導の可能性を広げていくと考えます。卒業後を視野に入れ，「働くこと」を通した小中高12年間の教育課程を今後も見つめ続けていきます。

表 6-2　職業教育や就業支援につながる取り組み

項目	ねらいと内容
交流及び共同学習	障害のある子どもと障害のない子どもが活動を共にする機会を積極的に設ける。
デュアルシステム	週1回程度，実務的な就業体験を重ね，必要な技能や態度を養う。授業の一環で行い，その都度企業などの評価を受け改善のための学習を行う。
現場実習	日頃学校で培ってきた働く力を試してみるために，高等部在学中に事業所の協力を得て，実際の生産社会で働く体験を積む。
職場体験	事業所などの職場で働くことを通じて，職業や仕事の実施について体験したり，働く人々と接したりする。
清掃技能検定	企業団体等と連携した実技試験を通して，清掃についての高い技術を身につけ卒業後の生活に役立てられるようにする。
ふれあいサロン	毎週，校内に喫茶店を開く。近隣の方を，作業学習で作ったクッキーやコーヒーでもてなし人と関わる力を身につける。
ゲストティーチャー	近隣の企業などと連携し，専門的なスキルを見学したり，実際に体験したりすることで，人と関わる力を身につける。

第 6 章　もっと職業教育を―実践を通して―　115

表 6-3　えびな支援学校の移行支援教育の流れ

	ねらい	月	内容
中学部	・小中高と移行する上で大切なことの共有をする。	6月 2月 通年	移行支援懇談会（福祉事業所について） 移行支援懇談会（卒業後から今を考える） **交流及び共同学習** **（中央農業高校生との牛の散歩・えさやり）** **ゲストティーチャー** **（コーヒーショップの接客）**
高等部1年	・卒業後に暮らし，働くさまざまな場所を知る。 ・卒業後の生活に向け，日々の生活をふり返る。 ・アセスメントや実習等を通して自分の課題を知る。	6月 7月 〜 8月 10月 12月 1月	移行支援説明会（校内実習の見学） 進路意向調査 学校アセスメント（作業・認知・行動の特性） 福祉事業所見学会 センターアセスメント（総合教育センター） 障害者職業能力開発校見学，1日体験 移行支援学習会（校内実習見学） **デュアルシステム** **（図書館での就業体験）** 個別移行面談　福祉事業所見学会 企業・福祉事業所見学会 **職場体験** **（品出し・ハンバーガーショップ）**
		2月 通年	個別移行面談　進路講和会 **ふれあいサロン** **（注文を取りおもてなし）**

高等部2年	・会社や施設，事業所などの違いを知り，卒業後の生活を考える。 ・卒業後の生活に向け，日頃の食事や睡眠などに気をつけて過ごす。 ・実習に前向きに取り組み，適性や将来について考える。	4月	移行支援・実習説明会 進路意向調査　個別移行面談
		5月	現場実習事前訪問
		6月	前期現場実習・校内実習 ＊原則企業のみ
		7月	企業・福祉事業所見学会　実習事後面談
		8月	障害者職業能力開発校見学，1日体験 **清掃技能検定** **（窓ふき・自在ぼうき）**
		9月	現場実習事前訪問 後期現場実習・校内実習 ＊企業・福祉事業所
		11月	実習事後面談
		12月	企業・福祉事業所見学会
		2月	個別移行面談　進路意向調査　進路講話会 ＊現時点で企業就労か福祉サービス利用か
高等部3年	・卒業後の生活を具体的にイメージし，主体的に進路決定をする。 ・社会参加のための基本的生活習慣を確立する。 ・進路決定のための実習に取り組み将来を決定する。	4月	移行支援・実習説明会　個別移行面談
		5月	現場実習事前訪問
		6月	**前期現場実習** **（工場ライン作業）** ＊企業か福祉事業所
		7月 〜 8月	能力開発センター1日体験　＊入所希望者 ハローワーク前期就業相談　＊就労希望者 実習事後面談　＊福祉事業所希望者対象 障害者職業能力開発校見学，一日体験
		9月	能力開発センター入所選考　現場実習事前訪問
		10月	後期現場実習・校内実習　＊企業か福祉事業所 障害者職業能力開発校選考
		11月	ハローワーク後期職業相談　＊就労希望者 実習事後面談　＊福祉事業所希望者対象
		12月	重度知的障害者判定　随時実施 ＊企業内定者　相談支援事業所登録
		1月	個別移行支援会議
		2月	職業指導　進路講話会
		3月	施設利用契約手続き（利用開始） 企業就労契約手続き（就労開始）

第 6 章　もっと職業教育を―実践を通して―　117

| 実践事例 6-4 | 特例子会社の合理的配慮 |

1　はじめに

　「障害を理由とする差別の解消の推進に関する法律」（平成 25 年法律第 65 号）（通称，「障害者差別解消法」）により義務化された「合理的配慮」について，特例子会社の例を通して考えることとします。「障害者差別解消法」の中で，障害者とは，「**身体障害，知的障害，精神障害（発達障害を含む。）その他の心身の機能の障害（以下「障害」と総称する。）がある者であって，障害及び社会的障壁により継続的に日常生活又は社会生活に相当な制限を受ける状態にあるものをいう。**」（同法第一章第二条一，太字は筆者強調）と定義されています。この定義にある「障害及び社会的障壁」とは，個人の心身の機能障害だけでなく，社会の制度や環境が障壁となって，その人の生活に障害をもたらしているとする，障害の「社会モデル」という考え方を反映しています。

2　合理的配慮の考え方

　合理的配慮の考え方を次の 4 点で整理します。

(1)　アコモデーションとモディフィケーションを理解する

　「アコモデーション」とは，一般的には次のように説明されています。

　　障害のある子どもが内容を理解したり与えられた課題に取り組んだりするために，学習環境，内容のフォーマット，支援機器等に変更を加えることを指す。例えば，聴覚障害の子どもに手話通訳をつけること，視覚障害やディスレクシアの子どもにテキストを読み上げるコンピューターを用いること，運動障害，学習障害の子どもたちのテスト時間の延長等。（中澤，2011）

　アコモデーションでは基本的にカリキュラムの変更は行わないものです。そして，「モディフィケーション」とは，一般的に次のように説明されています。

　　教えている全ての内容を理解することが難しい子どものために，カリキュラムを変えること指す。例えば，通常学級にいる理解がゆっくりしている知的障害のある子どものために，宿題の数を減らしたり，内容を単純化したりすること等。（中澤，2011）

インクルーシブ教育を目指すということは，発達障害のある子どもを含め包括的に考えなくてはいけません。アコモデーションファーストで，通常教育のカリキュラムにアクセスすること，通常教育のカリキュラムに参加すること，通常教育のカリキュラムの中で向上することを保障し，そして最後にプログラムのモディフィケーションを考えることを示しています。

(2) 多様な提示の方法を提供する

「何を学習するのか」の保障である。情報は平等に提供しなければならず，そのための手段を講じなければなりません。その手段は一人ひとり違うのです。そして，その情報を理解したのか確認することが重要です。

(3)「アセスメント」と「説明プロセス」が必要不可欠

理解できる提示方法を決めるための「アセスメント」と「説明プロセス」が必要不可欠です。アセスメントには，観察を中心として，本人の認知特性を客観的に把握するための心理検査等の実施等が考えられます。具体的には視覚情報（文字，図，絵，写真等）が入力しやすいのか，聴覚情報（音声言語）が入力しやすいのか，一度に提示する情報量はどの程度が適切なのか，ということを知ることです。

そして，アセスメントの結果を本人に説明し，合意を得ながら，支援方法を具体的に決める，話し合いのプロセスが一番大切であるということになります。

(4) 災害時の支援

災害時の支援は特段の配慮です。災害弱者に対しての情報の伝達と行動支援は，すべてのことに優先されるものです。

3　施設面を中心とした合理的配慮

三菱 UFJ 銀行の障がい者雇用特例子会社であるエム・ユー・ビジネスパートナー株式会社の実践を通じて，施設面を中心とした合理的配慮の事例をみていきます。エム・ユー・ビジネスパートナー株式会社の所在地，資本金，従業員数，会社設立の趣旨等は，図 6-4 に示すとおりです。

平成30年6月1日

会社概況等

エム・ユー・ビジネスパートナー株式会社
<MUビジネスパートナー（MUBP）>

1. 所在地　神奈川県相模原市中央区相模原3-2-1
2. 資本金　3,000万円（全額　株式会社三菱UFJ銀行出資）
3. 設立・開業　設立　平成22年5月21日、営業開始　平成23年4月1日
4. 役員数　役員5名（全て三菱UFJ銀行の現役またはOB行員（非常勤含む、社員登用1名））
5. 従業員数
   - 役員　23名（銀行出向者3名・転籍者22名（内常勤役員1名、社員登用1名、非常勤社員1名））
   - 専門職　6名　銀行出向者6名（内重度障がい者5名）
   - 社員（出向者）162名（重度障がい者65名、中軽度障がい者91名）
   - 派遣　0名
   - 合計　193名

6. 会社設立の趣旨
   三菱UFJ銀行は、従来から障がい者雇用について積極的に取り組んでまいりましたが、銀行の現行制度や設備にとらわれず、障がいの態様に応じた就業規模の制定や、充実した施設が当社の一層の障がい者雇用の促進を図るものです。
   特に、施設の充実を進めることで、従来、施設面の制約から雇用機会の少ない重度障がい者の雇用のための安定した雇用の場を提供することを主眼としています。
   こうした取り組みを通じて、地域に対する社会的役割を積極的に果たしていきます。

   （注）(1)「障がい者の雇用の促進等に関する法律」……一般民間事業主は、常用労働者の2.2%以上の割合が義務づけられている者を雇用しなければならない（平成30年4月からは2.2%に引き上げ）。
   (2)障がい者雇用納付金制度……法定雇用率2.2%に達していない場合は、不足1名につき月5万円の納付金の徴収（常用従業員100名以上は不足1名につき月2万円の不足月4月変更）。
   (3)特例子会社制度……一定の要件を満たし、当該から特例子会社と認定されることで、子会社に雇用されている労働者を親会社に雇用しているとみなし実雇用率を計算できる。当社は平成23年5月に（東京都・飯田橋公共職業安定所／厚生労働省）より特例子会社としての認定を受けました。

7. 障がい者雇用率の推移（H30.6.1現在　2.29%）

基準日	障がい者雇用率	法定雇用率	対比	基準日	障がい者雇用率	法定雇用率	対比
H8.6.1	1.85			H23.6.1	2.01	1.80	0.21
H17.6.1	1.91	1.60		H24.6.1	2.01	"	0.21
H18.6.1	1.96	"	0.36	H25.6.1	2.01	2.00	0.01
H19.6.1	1.92	"	0.12	H26.6.1	2.08	"	0.08
H20.6.1	2.00	"	0.20	H27.6.1	2.05	"	0.05
H21.6.1	1.90	"	0.10	H28.6.1	2.10	"	0.10
H22.6.1	1.89	"	0.09	H29.6.1	2.23	"	0.23

（単位：%）

* H22.6なしは、銀行＋MUBAとの合算雇用率。
* H23.6からは、銀行＋MUBP・MUBAの3社合算雇用率
* H30.4からは、銀行＋MUBP・MUBA＆事務系5社合算

※障がい部位別社員数（重複出向者2名）　平成30年6月1日現在

部位・程度	男性 重度	男性 中軽度	女性 重度	女性 中軽度	合計 重度	合計 中軽度	総合度
上肢	3	2	0	1	3	3	6
下肢	17	13	5	10	22	23	45
体幹	8	6	8	3	16	9	25
内部	3	1	4	0	12	1	13
視覚	4	3	5	2	9	12	21
精神	0	0	0	0	0	6	6
神的	0	10	0	8	0	18	18
知的	0	15	2	14	2	29	31
合計	43	51	24	47	67	98	165

<法定雇用ポイント>　232 P
- 車椅子使用者　37名
- シルバーカー使用者　1名
- 杖使用者補行者　14名
- 車通勤者　35名

* 上下肢重複と知的の中軽度の両方に該当する人は、本表では知的の中軽度に計上。本表では知的の中軽度に計上。
* 投稿者（3名、の重がい部（重度12名と軽度（2名）、精神（中軽度に）に計上

8. 取扱業務
   銀行事務の代行
   - 福祉関連調査・公的調査全店照会
   - CIF名寄せ登録
   - 郵便反し条件設定

   ※受託業務の特性
   - 待機性・緊急性の低い業務
   - 月額を通じ継続してある業務
   - 支店、本部、センターで困っている大量かつ定型作業

業務取扱量推移

	27年度下期	28年度上期	28年度下期	29年度上期	29年度下期	★主要業務	備考
公的調査全店照会	307,228件	454,454件	553,247件	659,057件	892,165件		
福祉関連調査	128,726件	126,888件	126,748件	122,483件	120,154件	24年12月から開始	
CIF名寄せ登録	55,527件	53,525件	50,206件	45,908件	39,682件	24年4月から開始	
郵便反し条件設定	116,931件	156,308件	117,250件	144,819件	120,186件	23年7月から開始	
点字帳票作成	89件	95件	89件	91件	116件	23年4月から顧客	

9. 施設・設備の対応
   ① 専通勤者用に地下1階・2階に当社専用駐車場35台を設置。
   ② 障がい者用バレ10ヶ所（18ヶ所（内2ヶ所は女性専用）、2ヶ所・7ヶ所・7ヶ所に設置。
   ③ 全相談に来店者の出入り口を設置することとともに、一部個室にベッド、電動座椅を設置。応接室・相談室に休憩室（急病用）、応接室で自動ドア又は引き戸通路。
   ④ 当社専用食堂（来会議室・休憩室）を1階に設計。食事配備専用エレベーター・配置、片付け。食堂業者が専任で担当。（2階、3階にも簡易食堂設置）
   ⑤ 緊急地震速報装置を設置。
   ⑥ Fドアの自動化またはカゼ戸に。また通路を清潔にして広く配置。（車椅子対応）
   ⑦ 来店される際の身体障がい者の出迎え、かつ1階に案内用の5台に応じ。（車椅子対応）
   ⑧ 未点えは均一な全段差公道（歩道）に当社専用の避難経路を確保。当社社員専用の避難経路を確保。また、床面には50の室所に独立した。重量調整が可能な避難子段のドアを設置。床面には50の室所に速やかに配置。

図6-4　エム・ユー・ビジネスパートナー株式会社　会社概況等

現場レポート22 特例子会社における施設・設備の対応

1) 駐車場
車通勤者用に地下1階・2階に専用駐車場 36 台が設置されています。車椅子での乗り降りを考えた広さと交互向きの配置にまで配慮されています。

2) 障がい者用トイレ
障がい者用トイレは，社内に 10 か所（1 階 8 か所（うち 2 か所は女性専用），2 階 1 か所，7 階 1 か所）設置されています。すべての個室に緊急呼び出し装置が設置されており，一部個室にはベッド，電動便座が設置されているほどの充実ぶりです。

3) 自動ドア・引き戸・通路スペース
応接室，相談室（個別面談指導），休養室（急病用），喫煙室もすべて自動ドアまたは引き戸とし通路スペースも広く確保されています。車椅子対応として，1 階の間口は通常の 1.5 倍になっています。

4) 食堂
当社専用食堂（兼会議室・休憩室）を 1 階に設け，食事配膳用エレベーターも設置されています。配膳・片づけは食堂業者が専任で担当しています。2 階，3 階にも専用食堂が設置されています。

5) 緊急時への備え
緊急地震速報装置を設置し，緊急避難用の非常扉を公道（歩道）に面して設置するなど避難時に当社社員専用の避難経路を確保しています。

6) 空調設備
天井には均一な冷暖房送風が可能なダクトを設置し，床面には 50 か所に独立した風量調整が可能な送風口が配置されています。

現場レポート23 看護師配置と出勤ボード

施設面の充実に加え，従業員の健康管理と心のケアを重視しています。看護師の配置により，従業員一人ひとりのその日の体調を把握し，サポートできる人的配置には驚かされ

ます。また，出勤ボードには，従業員がその日の体調にあわせて「晴・曇り・雨」のマークを使用することで，心のケアに細心の注意を払っていることがわかります。まずは基礎的な配慮（施設・健康・心のケア）を充実させ，仕事に取り組んでほしいという基本姿勢がすばらしいと思います。また，仕事の内容や流れは構造化されており，理解しやすく，自己点検もしやすいようになっています。

看護師配置

出勤ボード

「晴・曇り・雨」の
出勤ボード用マーク

　実践事例6-4は，三菱UFJ：エム・ユー・ビジネスパートナー株式会社の許可を得て，添付の提供資料と現地取材を基に作成しています。

第7章
インクルーシブ教育に向けた学校のシステム
―実践を通して―

　本章では，これまで提案に加え，今後インクルーシブ教育を進めるにあたり，通常の小中学校に在籍する支援を要する子どもたちの対応に不可欠となるシステムを提案し，小学校と中学校の違いを明らかにしていきます。

　実践事例7-1では，学校の5つのシステムについて，充実した校内支援体制のための3つのポイントに注目します。1つ目は教育委員会による間接的支援として巡回相談への専門家派遣について，2つ目は直接支援のための支援員の学校配置に関して，3つ目は児童支援中核教諭の専任化によるノウハウの学校蓄積です。

　実践事例7-2は，インクルーシブ教育に向けたシステムの構築が進んでいる事例です。横浜市では特別支援教室に在籍しなくてもサービスが受けることができます。さらに通級指導担当者の専門性を活用し，特別支援教育コーディネータと児童指導担当を兼務した児童支援専任教諭を配置しています。

　実践事例7-3では，中学校の具体的な支援システムとして，ティーム・ティーチングを紹介しています。生徒の多様性に対応するためには，異なる視点での対応が可能になるティーム・ティーチングの効果が高く，教科を越えた教員の協働が進むことが期待されています。また，自己理解や自己開示を促すための個別面談等を積み重ねることと，ピアサポートを学校全体で取り組むことなどが，年代や発達にあった支援の有効な方法になると考えられます。

　また，実践事例7-4では，多様性と学びの国際的な教育プログラムである国際バカロレアについて述べています。グローバル化は今や，学習指導要領に大きな影響を与えることは必然であり，コンテンツベースからコンピテンシーベースへの変化は着実に進んでいます。教員には，今後ますます質の高い専門性が求められています。

第 7 章 インクルーシブ教育に向けた学校のシステム―実践を通して― | 123

実践事例 7-1 小学校の支援システム

1 はじめに

　神奈川県の大和市立中央林間小学校（以下「中林小」）は，平成 15（2003）年以来約 10 年間，国の特別支援教育モデル事業校指定を受け，さらには市や県の特別支援教育研究委託などを受けてきた学校です。私はその前半の 5 年間，大和市教育委員会の特別支援教育担当指導主事としてこの研究に参画してきた経緯があり，その後 4 年間，校長職としてこの学校に係わってきた経験があります。本来のインクルーシブ教育にはまだまだ遠く及ばない段階ですが，インクルーシブ教育に向かう実践事例として中林小でのシステムを紹介します。

2 中央林間小学校の支援活動のコンセプト

　中林小の研究実践に一貫して流れているのは，神奈川県が提唱してきた「支援教育」の考え方です。これは，国の特別支援教育とは異なり，「障害の有無にかかわらず，さまざまな課題を抱えた子どもたち一人ひとりのニーズに，適切に対応していくことを『学校教育』の根幹に据えた教育のこと」（神奈川県立総合教育センターホームページ https://www.edu-ctr.pref.kanagawa.jp/Snavi/soudanSnavi/sienkyouiku.html より）です。つまり「教室には，いろいろな子がいて当たり前」ということを前提として教育活動を進めていくということです。したがって，通常の学級を基本的なステージと位置づけ，必要に応じてその他の支援方法を模索していくことになります。この考え方は，インクルーシブ教育が目指す方向性と重なるものがあると思います。それでは，次に具体的な中林小の支援システムについて述べていきます。

3 中央林間小学校の基本となる支援システム

　平成 15（2003）年度に研究をスタートさせた際にまず整備したのは，以下のシステムでした。

現場レポート24 特別支援教育コーディネータの指名と校内支援委員会の活動

　特別支援教育コーディネータは，校内の支援を必要とする児童についての情報収集と整理，そして支援活動を束ねるキーパーソンとして国がまず位置づけを求めたものでした。校内支援委員会も同様にその設置が義務づけられました。この 2 つの設置は今でこそ，小学校ではどちらも 100％に達していますが（文部科学省，2018），当時は全国的にさま

ざまな教育課題が山積する中，なかなかスムーズな導入ができなかったようです。そのような状況の中，中林小では，校内で信頼も厚く指導力にも優れた教員をコーディネータに指名できたことは大きな推進力となりました。また，校内支援委員会も各学年からの情報収集と支援方針の決定という重要な機能を発揮することができました。

現場レポート25　巡回相談による間接支援の実施と直接支援のための支援員配置

大和市では平成17（2005）年度に「大和市特別支援教育巡回相談チーム」が設置されました。いわゆる国が提唱していた専門家チームであり，特別支援学校の他，療育機関，市役所関係各課，幼保関係者などにより構成されており，学校のニーズに応じて当該機関から数人がチームとなって派遣されています。この巡回相談は，各学校では開始当初からたいへん好評で，教育の視点ではなく，初めて発達という視点から専門家のアドバイスを受けた教員が「目からウロコが落ちた」と手応えを語っていました。現在では当たり前になっている刺激の少ない教室環境の簡素化，視覚提示，見通しがもてるプロセスの提示などが当時の教員には新鮮な驚きと共に受け入れられたのです。この他，巡回相談チームのメンバーによる校内研修会も定期的に行われ，教員の支援に対する理解を深めていきました。

ただ，巡回相談による間接的な支援だけでは解決できない課題もありました。それは支援が必要な児童を直接支援するマンパワーがどうしてもほしいということでした。そこで，大和市では，「スクールアシスタント」とよばれる支援員が各学校に配置されることになり

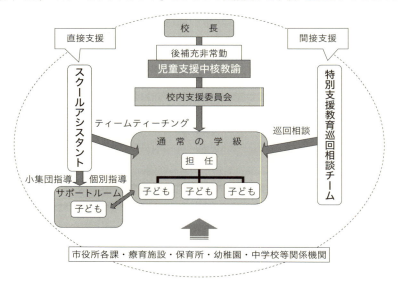

図7-1　小学校の支援システム図

第 7 章　インクルーシブ教育に向けた学校のシステム―実践を通して―　125

ました。このスクールアシスタントは，担任と密接に連携しながら，時には巡回相談のケース会議で有効な情報を提供したり，長期的な支援活動を記録・評価したりなど支援教育にはなくてはならない存在となっていきました（図 7-1）。

現場レポート26　リソースルームの設置と運用

中林小では，研究開始当初から，スクールアシスタントなどが場を移して児童を支援する際に利用するリソースルームとしてサポートルームを設置しました。この教室は，職員室からも近く，日当たりもよく，かつ落ち着いた雰囲気があり，最高の環境でした。普通教室として使いたくなる教室でしたが，中林小では支援教育推進のためにこの場をあえて選び結果として大成功でした。

サポートルームでの支援は，次のような段階で進められます。まず，定期的な巡回相談，日頃の担任やコーディネータの観察，校内支援委員会での報告などから，支援が必要な児童をピックアップしていきます。次に担任やコーディネータが保護者と面接を行い，保護者および児童の意向や今後の進め方などを確認します。了承が得られたら，支援を行う時間割や回数を決めます。通常は，児童 1 人あたり週に 1〜2 回です。こうしてサポートルームでの個別支援が開始されます。支援を行うのは，スクールアシスタントの他，コーディネータやその他の教員です。支援を行った際には，必ずその日の支援内容を個別のファイルに記録し，学期ごとに保護者に報告・確認してもらい，支援の成果および課題を伝えるようにします。

このサポートルームは，休み時間には子どもたちに一般開放して，支援の必要な子もそうでない子も一緒にボードゲームやさまざまな教具で遊ぶことができるようにしました。特別な部屋という印象をできるだけ薄くしたいという願いからでした。いつも通級している子どもがいきいきとリーダーシップをとって遊びを展開している姿は，とても微笑ましいものでした。

4　児童支援中核教諭の配置

3 で述べた基本的な支援システムは，各校においてかなり有効に機能していましたが，いくつかの課題も浮かび上がっていました。その最大のものは，特別支援教育コーディネータの多くが，担任を兼務しながらの活動であったため，なかなかコーディネータとしての仕事に専念することができないことでした。このため大和市でも，平成 27（2015）年度からそれまで各校で活動していた特別支援教育コーディネータを準専任化するために，「児童支援中核教諭」の制度がスタートしたのです。

具体的には，「児童支援中核教諭」が校内の支援活動に集中できるようにするための

後補充として，市の予算で非常勤講師が配置されました。これにより「児童支援中核教諭」は，週12コマ程度の授業を受けもつだけとなり，授業時数が軽減された分，校内のコーディネーションをきめ細かくできるようになりました。さらにその業務も，神奈川の支援教育のコンセプトを実現するべく，発達障害だけでなく，いじめ，不登校，虐待，教育相談など幅広いニーズに対応できるようになりました。

この「児童支援中核教諭」の配置は，大和市における支援教育，さらにはインクルーシブ教育において，大きな転機となりました。何よりチーム学校としての取り組みが強化されました。また，各校の校長は，校内で力量のある教師を「児童支援中核教諭」に指名する効果に次第に気づいていきました。クラス単位ではなく，学校全体を見渡し，その専門性を生かしながら定点的に児童を取り巻く諸課題に対応できるキーパーソンの存在が学校運営上必要不可欠となっていったのです。

5 学校全体で行うインクルーシブ教育

中林小では，これまで述べてきたシステムに加えて，学校全体で支援が必要な児童を見ていこうという共通理解がありました。

まず，平成25（2013）年度から校内研究で国語について研究してきました。その中で，自分の考えをお互いにスムーズに表現し合うことできるようにするために「あたたかな反応」を奨励してきました。友だちが発言する際には，しっかり発言者の顔を見ること，発言内容に素直にうなずいたり「なるほど！」と反応してあげたりすることなどを指導しました。この結果，国語だけでなく他の教科・領域でも話し合いが盛んになると共に，個性の強い子どもたちも安心してユニークな意見を発信するようになったのです。授業と学級経営との関連の重要さを認識することができました。

また，教室環境では，なるべく前面の壁には掲示物を貼らないように配慮したり，各教室に設置してある電子黒板を活用しながら視覚支援に留意したりするなどの取り組みを学校として協働で取り組んでいきました。

さらに，集団アセスメントを定期的に実施することで，普段の学校生活ではなかなか気づくことができない要支援群の児童を見取り，今後の支援に活かすことができるようになりました。

6 インクルーシブ教育における校長の役割

まず，マクロの視点です。学校全体でインクルーシブ教育を推進していく時にまず大切にしていたことは，教師集団はもちろんのこと，保護者や地域をどう巻き込んでいくかということです。そのためには，保護者会での挨拶や学校だよりで「いろいろな子がいて当たり前」「誰でもこだわりがある」「ちょっとした配慮がその子の個性を伸ばす」などのメッセージを伝えるよう努めました。

第 7 章　インクルーシブ教育に向けた学校のシステム―実践を通して―　127

　また，ミクロの視点としては，毎年度初めに各クラスの児童名簿を集めてファイル化し，何か事案が起きた時や校内巡視で気づいたことなどをこまめにメモするようにしました。これにより，例えば「4 月当初は落ち着きがなかった○○さんは，最近授業に集中できるようになったな」や「△△さんは学期の始めにいつも登校しぶりがあるな」などがわかるようになりました。全員の子どもたちを記憶できればよいのですが，なかなかそうはいきません。日々の学校においてできるだけ多くのエピソードを収集する中で，校長としての児童理解が深まっていくことを期待しています。

　もう 1 つ心がけていることは，リソースルームとしての校長室の活用です。個別の支援の場としては，前述したように「サポートルーム」の設置がたいへん効果的ですが，もう 1 つの場として，校長室も場合によっては支援が必要な児童の居場所として活用できるのではないでしょうか。

　実際に，教室にもサポートルームにも入ろうとしなかったけれど，校長室で私と定期的にけん玉をしたり，本を一緒に読んだり，おしゃべりをしたりすることで少しずつ安定していった児童が何人かいました。そのようなふれあいの中で，とてもユニークな考え方やすばらしい才能を発見することもありました。

　インクルーシブ教育を進めて行く上で校長の役割も今後さらに大きくなっていくのではないかと考えています。

7　おわりに

　以上，インクルーシブ教育についてのささやかな中林小のシステムを紹介してきました。中林小のグランドデザイン重点目標は，「いつも『何のため』を考え自ら行動しようとする子」です。インクルーシブ教育も「何のために」推進していくのかということを常に学校全体，そして保護者や地域の方と一緒に考えて行く必要を感じています。子どもたちが「ありのままの自分」で毎日楽しく過ごすことができるよう，これからもインクルーシブ教育を進めていきたいと考えております。

実践事例 7-2　小学校の支援システム

1　横浜市立仏向小学校の現状 2018

　横浜市立仏向小学校には，特別支援学級 3 学級を含め全 17 学級，約 480 人の児童が在籍しています。

　平成 29（2017）年度，外国につながる子どものための国際教室や，文部科学省の指定事業を受けて，通級型指導教室が設置されました（研究を主目的とした教室設置の

ため，従来の通級指導教室とは区別して「通級型指導教室」とよんでいます）。その他，従前より，不登校児童受け入れ教室であるハートフルルームも設置されており，多様性を受け入れやすい環境のある学校です。

学校教育目標の「やさしさいっぱい　汗いっぱい　にこにこ笑顔で夢いっぱい」を踏まえ，特別支援教育の取り組み目標と具体的取り組みを設定しています。「すべての教職員ですべての子どもを育てる」を基本として，子ども一人ひとりがいきいきと楽しく学校生活を送ることができるように取り組んでおり，特に，発達障害等の理解を深め，児童の実態を丁寧に把握しながら，個に応じた対応を工夫しようと心がけています。そのため，子どもの実態把握や指導の方向性を考えるために外部機関との連携に努めています。

2　教職員の育成：多様性を認めるために

現場レポート27　個別の教育支援計画・個別の指導計画について

個別の教育支援計画については，横浜市独自の共通した書式があり，それにそって記載し，保護者との情報共有を行っています。個別の指導計画の書式は各学校に任されています。そこで，目的に応じた支援の方法をいくつかの選択肢から選べるようなプルダウン式の書式を工夫し，担任教師は個別の指導計画を作成しながら支援の方法が学べるようにしました。また，児童の得意なこと，好きなことも記載し，学習の支援に活用できるようにしました。

現場レポート28　校内の研究会・研修会

平成29（2017）年度まで，国語の授業を伴う重点研究会において，ユニバーサルデザインの視点を取り入れてきました。発問の仕方や板書の工夫等の具体的内容について，授業ごとに外部講師から学びを得，一斉授業の中での支援の考え方や工夫について知見を広げました。さらなる支援を必要とする児童に対しては，担任が1人で抱え込むのではなく，チームとして児童を支えていくことの重要性を再確認することができました。その他，個別の指導計画の作成，子どもの実態のとらえ方，横浜プログラム等を研修のテーマとして，学年や低中高学年ブロックで考える機会をつくりました。

3　必要に応じた支援：特別支援教室の活用

現場レポート29　横浜市における特別支援教室に関わる取り組み

横浜市における特別支援教室に関わる取り組みの特徴は，①特別支援教育のスタートに

第 7 章　インクルーシブ教育に向けた学校のシステム―実践を通して―　129

先駆けてモデル事業を立ち上げ，平成 21（2009）年度末に全校に特別支援教室を設置したこと，②その効果的な活用のために通級指導教室担当者が助言できる仕組みをつくったこと，③特別支援教室活用のキーパーソンとなる特別支援教育コーディネータと児童指導を兼務する「児童支援専任教諭」を全小学校へ配置したことです。

　特別支援教室が通常の学級と連続した学びの場として機能的に運用されることは，インクルーシブ教育システム構築において合理的配慮や基礎的環境整備の観点からも重要な役割を果たすと考えられます。しかし，その運用については学校に任されており，個別の取り出し指導，クールダウンの場，再登校への居場所等，多岐にわたっているのが現状です。

現場レポート30　学習支援のための集中学習教室

　本校における特別支援教室は，「集中学習教室」という名前で児童に親しまれています。3 階の一教室を「集中学習教室」として配置していますが，その他にも国際教室や研修室等を特別支援教室として臨機応変に活用しています。クールダウンや再登校への居場所として利用している児童はなく，主な目的は学習支援で，通常の学級に在籍する約 480 人のうち 1 割弱の児童が算数科や国語科の学習支援のために活用しています。他校の取り組みを参考にしながら，より良い活用について試行錯誤しながら指導を進めています。

1）申し込み方法

　学期末ごとに学び方に対する支援を必要とする児童を特別支援教育校内委員会で確認をし，成績表と共に特別支援教室の申込書を渡しています。最終的な申し込みは本人・保護者が決定しますが，子どもの困っている状況について伝えることができ，保護者が検討するきっかけとなっていると考えます。

2）担当者

　主幹教諭や児童支援専任が担当者となれるよう時間割を工夫しています。さまざまな事情で予定通りにならないこともありますが，できる限り，支援を必要とするところに手厚く関われるようにすることが学校全体へ良い影響を及ぼすと考えています。それは，支援を必要とする児童への指導を通して，若い担任の成長をも促すことにつながるからです。

3）学級集団の理解と集団づくり

　特別支援教室での学習を楽しいと思っているにもかかわらず，「教室を抜けること」「友だちからどのように見られるか」といったことから，特別支援教室へ行くことに抵抗を感じている児童がいます。在籍学級が安心できる場であれば，集団から抜けることについても大きな不安は伴わないはずです。特別支援教室を安心して活用できるためには，母体となる学級集団を育てることが大きな課題になると考えられます。特別支援教室で工夫しているソーシャルスキルやコミュニケーションスキルの視点は，より良い学級集団をつくるためにも有効であり，特別支援教室の学びを在籍学級へ発信していけるように工夫するこ

とは，インクルーシブ教育のシステムづくりには重要ではないかと考えています。

4）通級指導教室との連携

　支援センター機能として，通級指導教室の担当者に4回来校していただき，子どもの実態把握と課題設定等を中心に助言をいただきました。特別支援教室での学習形態をより通常の学級の授業に近い形に設定し，学習課題に取り組みながら自己理解を深める視点を取り入れるように考えることができました。また，特別支援教室や教室で取り組んでいることについて価値づけをされたことは，教員の意欲向上につながりました。

4　交流教育の取り組み

現場レポート31　日常の交流教育

　特別支援学級に在籍している児童には，交流する通常の学級が決まっています。社会科見学や音楽会など行事を通しての交流教育もありますが，日々の朝の会や給食など，教科学習以外にも交流する場面を設けています。児童の実態や願いに応じ，交流することで身につけたい力を明確にした上で，交流計画を立てていくことが必要です。学級種にかかわらず，担任は交流教育が通常の学級の児童にとっても有益であることを理解し，有意義な交流教育が進むように通常の学級の児童と特別支援学級の児童との橋渡し役を積極的に担っていくことが望まれます。

　今年度から，1年生の学校探検の活動の中に，特別支援学級の見学を入れるようにしました。そこで，特別支援学級の子どもたちが，自分たちの教室ややっていることを紹介できるように計画しています。また，年間を通し，2年生の児童を数人ずつ特別支援学級に招いて交歓給食を実施するなど，低学年のうちからお互いが理解し合えるような新しい取り組みを検討しています。

現場レポート32　チャンスを生かす：NHKの番組

　「友だちとのコミュニケーションがうまくいかない。交流学級でもっと話がしたい。」という特別支援学級在籍のJさんの思いを，NHKの「バリバラ（バリアフリーバラエティショー）」という番組で取り上げてもらう機会を得ました。

　いろいろな不安はありましたが，せっかくの機会は生かしていきたいと思い，教職員や保護者に投げかけてみたところ，NHK担当者からの丁寧な説明も功を奏し，撮影に対して協力を得ることができました。交流学級の児童の個別のインタビューや玉川大学の安藤教

授の特別授業を通し，交流学級の児童が特別支援学級に遊びに行くようになり，Ｊさん以外の特別支援学級の児童とも関わることが増えました。

番組づくりは，Ｊさん自身が自分の気持ちを伝えることの大切さを体感し，伝える方法について工夫することへとつながりましたが，交流学級の児童たちにとっても相手の気持ちを考えることや自分自身のことをふり返ることのきっかけとなりました。気持ちを素直に表現することが苦手な児童もいますが，一人ひとりの心に揺さぶりをかけることはできたと思いました。

交流教育は，自分に気づくチャンスでもあります。自分自身のことを考えたり，他者を認めたりすることは難しいものです。そのため，きっかけをつくっていくこと，きっかけを生かしていくことが，教師の仕事であると痛感しました。そして，得られた成果を継続できるように支えていくことが教師の宿題であると思います。さらに，番組を見た保護者からいただいた感想からも，チャンスを生かすことの意義を感じました。

●保護者の感想から

・撮影の過程でクラスの一人ひとりが考える時間をもてたことは，とてもよかったと思います。これに限らず，人の気持ちを考えられる子どもたちに成長してほしいと願っています

・最初から〇〇さんは，□□が苦手ということを理解しておくと，いじめもずいぶん減るのではないかなという話を，子どもとする機会ができました

・このような貴重な機会に恵まれたことを嬉しく思いました。子どもにとって何かに気づける，考えるきっかけになったと思います

5　組織力

インクルーシブ教育システムを構築するのに必要なことを考えてみると，障害特性や特別支援教育の知識・実践力，環境調整，子どもや保護者との信頼関係等々，枚挙にいとまがありません。それらを支えるのは，やはり教師力だと思いますが，すべてを１人で担えるスーパーマンが必要なわけではありません。大事なのは，一人ひとりの教師力を生かし，お互いを支え合って子どもを育てられる組織力です。

現場レポート33　チームとしての支援

週に数時間，音楽専科や家庭科専科の授業時間は，担任が教材研究や学級事務にあたれる時間として貴重なものです。教員の多忙化解消がいわれていますが，やりたいこと・やらなければならないことが山積しているのが現実です。その貴重な時間を，支援の必要な他の学級のために提供できる協力体制があることが，教師にとっても，子どもにとっても

安心材料になります。

「俺たちうるさいから，いろんな先生が来るんだろ？」と言ってきた男児がいました。その通りのこともありますが，それでは子どもの意欲や自尊感情は低減してしまいます。そこで，教室に入る際には，良いところを見つけたり，がんばっているところを見つけたりして，認める言葉かけをするように心がけてもらいました。学年の最終日，「あんなにひどかったのに，成績表にCが1つしかなかった」と伝えに来た子どもがいました。自分の言動をふり返ることができていたのも，良いところを認めてもらっていた成果ではないかと思います。

現場レポート34　花丸写真

子どもたちの日常の「いいな」と思う場面を写真に収め，コメントを添えて校舎内に掲示することを通し，「これがいいことなんだ」ということを伝えられるようにしました。自分の写真が飾られているのを自慢げに友だちに伝えていたり，「□□をがんばったから写真を撮って」とアピールしに来たりする児童も出てくるようになりました。

担任も花丸写真を上手に使って，子どもへアプローチをしてくれるなど，さりげない連携がつくられました。また，花丸写真は，学校生活について保護者や地域の理解を得たり，信頼関係を構築したりすることにも役立ちました。年度末，PTAの広報に取り上げてもらい，子どもたちのがんばっている姿を共有することができました。

現場レポート35　教科担任制

1人の教師による子どもの見方には限りがあります。複数の目で，子どもをいろいろな角度からとらえ，がんばっているところ，良いところ，成長しているところを情報共有できることが，子どもの育ちにつながるだけでなく，教師の力にもなります。学年担任で教科を振り分けること，専科による教科を増やすことにチャレンジしようと時間割の工夫に取り組んでいます。

実践事例7-3　中学校の支援システム

1　はじめに

清川村は神奈川県唯一の村です。人口は徐々に減少しており，平成29（2017）年

第7章 インクルーシブ教育に向けた学校のシステム―実践を通して― 133

表7-1 宮ヶ瀬中学校の生徒数　　　（人）

	1年		2年		3年		合計	
	男子	女子	男子	女子	男子	女子	男子	女子
平成28年			1	1		3	1	4
平成29年	3	1			1	1	4	2
平成30年		1	3	1			3	2

5月末に初めて3,000人を割る状態になりました。村には，村立で2つの小学校，2つの中学校と1つの幼稚園があり，中学校の生徒数は2校合わせても70人に満たない状態です。

宮ヶ瀬中学校は昭和22（1947）年に創立されました。70年を超える歴史の中で，かつては生徒数50〜70人が在籍する学校でした。しかし，昭和44（1969）年に宮ヶ瀬ダムの建設計画が発表され，その後住民との補償交渉の末ダム事業がスタートすると，それに伴って宮ヶ瀬地区の300戸が水没し，代替地などへ1,136人が移転することになりました。平成12（2000）年にダムが完成し現在にいたります。宮ヶ瀬小・中学校の校舎もダムの底に沈むことになったため現在の場所に新校舎を建設し，移転して32年が経ちます。

地域住民の移転に伴い宮ヶ瀬中学校の生徒数も激減し，新校舎へ移転する年の全校生徒数は10人でした。その傾向はこの32年間変わることはなく，最も少ないときには全校生徒3人という年が5年間続いた時期もありました。また，昔からの地域住民の子どもは成長してしまい，現在在籍している生徒のすべては，宅地造成された住宅地に他の地域から転居してきた住民の子どもたちです。本校の近年の生徒数は，表7-1に示すとおりです。

2　学習指導における現状と問題点

極小規模校である本校の授業は生徒数が極めて少ないため，どの教科でも多様な発想の意見が出にくく，また生徒からの反応も多いとはいえません。ややもすると，教員の一方的な説明で授業が進んでしまうことも少なくない状況でした。

さらに人数が少ないため，個々の能力差が顕著に表れ，「中庸」や「平均的」というものがありません。授業中1人からでも「わからない」というつぶやきが聞こえると，その声を無視してそのまま授業を進めるわけにはいきません。その結果，計画したとおりになかなか授業が進まないことも多く，その点に関しても，対策を考えていかなければならない課題であると感じていました。

また生徒の側からすると，毎日毎時間が少人数で「和気あいあい」という雰囲気の中授業は楽しく進むものの，学習に対する刺激が少なく，目標に向かってがんばろうとい

う向上心や競争意識も欠けていると感じられます。そのため、「みんなも覚えていないから、自分もわからなくて平気」という妙な安心感・一体感の空気が流れているように感じられました。

3　対応策とその効果

現場レポート36　ティーム・ティーチング

　本校では平成28（2016）年度より、全学年でティーム・ティーチング（TT）の授業を取り入れています。平成29（2017）年度はさらにTTの時間数を増やし、各学年とも1週間29コマ中27コマで複数の教員による授業を行っています。

ティーム・ティーチングの意義
　①個々に即した対応
　②生徒への幅のある対応
　③多面的な視点での生徒理解
ティーム・ティーチングの進め方
　①指導計画の立案
　　　生徒の個別目標の確認
　②必要な教材・教具の準備
　③個別目標を踏まえた指導・支援
　　　T1・T2の役割分担の確認
　④評価

　1年めは、空き時間の教員をT2としてその都度入れていましたが、2年めである平成29（2017）年度からは教員用時間割の中に担当の教科を明記し、授業ごとに入るT2を極力固定化しました。それにより、T2が毎時間の授業の進捗状況や生徒の困り感を把握し、常にT1と同じペースで継続した指導・支援を行うことができるように配慮しました。

　T2の具体的な活用としては、T1の全体への解説時に、理解できていないと思われる生徒に対して個別に指導を行うことはもちろんですが、本校ならではの工夫した活用法がいくつかあります。

　話し合い活動の場面などにおいて、生徒からの多様な意見を出させる呼び水となるよう、T2が一生徒役を務め発言します。また、生徒の理解が十分でないと思われる点についても、生徒役としてT1に質問することにより、生徒自身も気づいていない疑問点を明確にしたり、あえて反対意見や誤答を発したりすることによって、学習を深めさせるようにしています。

ときには，生徒と同じ課題に取り組み競争することで，ライバル心を刺激し意欲をもたせる声がけをすることもあります。

また，体育や音楽などの実技教科においては，T2だけでなくさらに複数の教員が加わり生徒役となって授業に参加することにより，生徒だけでは難しい団体種目や合唱，合奏なども行えるようになりました。

このような取り組みの結果，生徒一人ひとりのペースに合わせた指導，支援ができるようになってきています。

4 特別に支援を要する生徒に対して

このような形で全校生徒を対象にTT授業を行っていますが，教科によってはより丁寧な支援を必要とする生徒もいます。少人数だからこそ，他の生徒との学力差が大きすぎて一斉授業が難しい場面では，別室で別課題による取り出し授業を行うこともあります。そこで本校では，少人数の長所を生かしながら「TTの形態をとった支援教育を研究する」という視点で，校内研究を行うことにしました。

その際，当然ながら保護者の承諾が必要です。保護者とは定期的に丁寧な相談活動を継続し，またきめ細かく担任から連絡したり授業を参観に来ていただいたりするようにしています。そうすることで信頼関係が築かれ，また実際に本人のできることが増えていくことで，保護者も現在の学校の対応に満足してくださるようになりました。支援するにあたっては，各専門機関から助言をいただいたり，教員同士の意見交換をしたりする中で，日々試行錯誤しながらより良い支援の方法を模索しています。

ここに具体的な支援の例を2つあげます。

現場レポート37　忘れ物対策

1つめは，学習用具を管理することが難しく，忘れ物が多いことに対して，教科ごとに個別にクリアケースを用意させ，教科書・ノート類はもちろん，プリントなどもとりあえず何でも入れる習慣をつけました。これで忘れ物はほとんどなくなりましたが，まだ整理整頓するところまではいたっていません。

現場レポート38　ホワイトボードの活用

2つめは，ホワイトボードの活用です。本人のすぐ目の前で直接書きながら説明することで，その課題だけに集中することができ学習効果が上がっています。

現場レポート39　指導案の作成「宮中スタイル」

校内研究においてTT授業に取り組むにあたっては、最初に全職員で意義と進め方について確認しました。T1とT2がそれぞれの役割を分担しながら、生徒の理解を助ける授業を目指しています。

これまで校内研究で何回か研究授業を行っています。その際、授業計画を立てる上で、支援教育の観点からの指導案をつくるようにしました。本校ではそれを「宮中スタイル」という合言葉で、研究授業のときだけでなく、日々の授業でも意識するようになりました。具体的には、全体の単元目標を踏まえつつ、個々の生徒の実態を把握して、その生徒に応じた個別の目標を設定します。そして、T1が全体に対して指導を進める際に、T2は支援が必要な生徒にどのように助言や援助を行うか、常に2人の教員が意識し、連携を取り合いながら授業を組み立てていきます。このように一人ひとりの実態を把握した授業を、T1、T2が意識的に行うことによって、わずかずつではありますが確実にできることは増えてきていると思われます（表7-2、表7-3）。

指導案には［日時］［学年］［単元名］［単元について単元観・生徒観・指導観］［単元目

表7-2　1学年音楽科「箏を用いた創作」における生徒の実態予測支援計画

単元目標	生徒	予　　　測	支　援　計　画
平調子の特徴を理解し、平調子を用いた簡単な曲をつくることができる。	A	おおむね、達成できる。	・ペアのBさんに対するアドバイスも促す（T2）
	B	「創作」という言葉にこだわり難しく考えすぎて、はかどらないか、適当に弦を鳴らして早く終わらせてしまう。	・ペアのAさんに弾いた弦の番号を記入してもらうこと、それを後から発表することを意識させる。
	C	とりかかるまでに時間がかかってしまったり、やり始めるとこだわりすぎて時間がなくなったりしてしまう。	・2人1組で行うことを意識させる。 ・T2に同じ班に入ってもらい時間の管理をしてもらうようにする。 ・時間がかかるときは2小節ほどの曲で構わないことを示す。
	D	創作の手順を理解できないことも予想される。	・T2に同じ班に入ってもらい手順の再確認をしてもらう。 ・自分ができるところまででよいことを最初に示しておく。

第7章　インクルーシブ教育に向けた学校のシステム―実践を通して― 137

表7-3　全校体育科「体つくり運動」の展開

学習活動	要支援生徒A	その他の生徒	教材
①実践する運動を，具体的に選択する。 ②具体的な実践計画を立てる。	□実技書を参考に，実践する運動を具体的に決めよう。 □自分の生活の中で，実践するための具体的な工夫を考えよう。		実技書 本時配布プリント
	◎決められない場合には，Ｔ２と共に体を動かしてみることを提案する。 ◎難しい場合は，本人が楽しそうに行う運動，できている運動を助言する。		
	□必要に応じて運動の補助をする。		
	◆思判：「自分の生活の中で実践する」というポイントを踏まえ，運動の工夫を考えている。（生徒観察・提出物）		

全体の動き□（Ｔ１），個別の支援◎（Ｔ２），評価◆

標］［単元の評価基準］［単元の指導・評価計画］だけでなく，支援の観点からの［本単元における生徒の実態及び支援計画］と支援の観点を入れた［本時の指導　全体目標・個別目標・本時の展開・評価］を加えることにしました。

5　校内研究を通して

　平成29（2017）年度，清川村は村立4校1園において，神奈川県の「かながわ学びづくり推進地域委託研究」の指定を受けることになりました。それに伴い本校では下記の主題のもと，本校ならではの本校にしかできない効果的な指導方法の研究を進めてきました。

平成29年度　校内研究主題
「自らの目標に向かって，生き生きと自主的に学ぶ生徒の育成を目指して」
サブテーマ
極小規模校における効果的な指導方法
　一人ひとりを大切にした授業を通して

　年間6回にわたり大学教授に講師として来校いただき，有効なティーム・ティーチングの研究とTTを活用した支援教育について，実際の授業研究をとおしてご指導いただきました。特に指導案については，生徒の実態に即した個別の目標を明記する必要性や，展開の中にT1，T2の動きと個別の支援について常に意識し，具体的に表記していくことをご指導いただき，たいへん参考になっています。

　また，このTT授業を通して教員の授業力の向上を図ることができていることも予期していなかった効果の1つとしてあげられます。常に第三者に授業を見られ，授業後

はお互いに改善に向けて意見交換したり，経験の浅い教員は先輩の教員から指導を受けたりすることは日常的に見られる光景になっています。TT を活用した授業形態も 2 年を経過し，さらにより良い授業を目指して教員全員が日々試行錯誤しながら取り組んでいるところです。

　この研究に取り組んだ当初は，このような取り組みができるのは本校のような極小規模校だからこそのまれなケースであり，一般的な規模の学校では無理なことと思っていました。しかし，40 人学級の中でも支援が必要な生徒に対しては，本校のように個々の実態を考慮した指導は可能であり必要なことであると思うようになりました。本校で勤務する教員へは，他校に異動した際にもこの経験をこれからの指導に生かし，常に生徒の立場に立った教員として自己研鑽に努めてほしいと願っているところです。

実践事例 7-4　IB 校のシステム

1　はじめに

　学校法人東京インターナショナルスクールは，東京都港区にある男女共学の外国人学校です。年長から小学 5 年生までを初等部，6 年生から 8 年生（中学 2 年生）までを中等部としています。1 クラスは 20 人を定員とし，最終学年の 8 年生は 1 クラスのみですが，他の学年は 2 クラス 40 人，全校で 340 人の生徒が在籍しています。

　生徒たちの出身国は 50 カ国から 60 カ国ほどにわたり，さまざまな母国語をもつ生徒たちが混在しています。英語が母国語，もしくは母国語同様とされる生徒は全体の40% 以上と規定されており，教授言語は英語に統一され，第 2 外国語（初等部は日本語，中等部は日本語とスペイン語）以外の科目はすべて英語により指導されます。生徒の 95% は，日本国籍以外の国籍の所持者であり，うち 80% が在日期間が平均 3〜4年の駐在員の子弟であるため，1 年間に約 100 人の生徒の入れ替わりがあります。離日後は母国に帰る生徒もいれば，次の赴任国が寸前までわからない生徒も多数います。よってどこの国に行っても継続が可能なプログラムを学校としては選ぶ必要があるため，スイスに本部があり 150 カ国以上に認定校がある国際バカロレアのプログラムを採用しています。

　国際バカロレアでは，インクルージョン教育について以下の定義があります。

　　インクルージョン教育とは，それぞれの生徒の問題を特定してその障害を除く事により，全ての生徒が最大限の学びに到達できるようにすることを目的とし，継続的に実施しなければいけません。つまり学校組織としては，常に進歩を遂げていか

なければいけないのです。学びは生徒への実践を通じて，継続され続けなければなりません。特別支援教育の目的とは，教育学とは何であるか，カリキュラムとはどうするべきか，評価とは何であるのかという基本的な質問を私たちに投げかけ深く考えさせられるものです。全ての学校がやってみたいと思えるような教育的なアプローチともいえます。(International Baccalaureate, 2016)

　私たちの学校には特別支援教育チームのグループがあります。そこには専門の主任教員を始めとした専任の特別支援教育の教員達，スクールカウンセラー，補助員，加えて外部からの言語療法士，言語聴覚士等が所属しています。グループのミッションは「生徒たちがインクルーシブ教育の環境下で本人のもつ最大限の可能性に到達することを支援するために，関わる人々が前向きに協働する」です。チームは保護者，担任や他教科の教員となるべく早期に，それぞれの生徒がどんなサポートが必要なのかを明確化していき，それに伴って個々のニーズに沿った異なる教授法や学びなどのサポートを，関わるすべての人たちと共に実践していきます。

2　私たちのシステム：個別教育プログラムの設定

　個別教育プログラム（Individualized Education Program：IEP）は，個別課題の洗い出しと個別に達成可能なゴール，その明確な評価などを設定するシステムです。またその達成のために，どういった役割と責任が誰にあるのか，どんな教材を使用し，どんな学習方法で学んでいき，どんな道具や用具，教材を使用すべきかなど，生徒本人，補助教員，担任教員，保護者などすべての人々が同じ情報を共有します。またここでの情報は，学校としての正式な報告と位置づけており，転校の際にも次の学校に引き継がれます。

　ハイテクノロジーである，例えば読み上げ言葉を書き言葉に変換するアプリの使用から，持ちやすい鉛筆の使用，落ち着けるクッションなどのローテクノロジーにいたるまで，今日ではさまざまな便利な補助教材や用具があります。それらを有効的に生徒の個別のニーズに合わせて選択していくことが望まれます。それらの選択もチームがさまざまな関係者と相談をしながら決定していきます。

　また生徒が試験を受ける際にも個別の配慮が必要です。チームは心理学者からあらかじめどんな方法で試験を受ければ生徒の実力を明確に測れるのかの助言を受け，それらの助言を実行します。

　例えば，時間の延長，静かな別室で個別に受ける，手書きの代わりにパソコンを使用して書く，問題を読み上げる人が補助につく，生徒が読み上げた答えを筆記者が書くなどのさまざまな方法が個別に決められます。

140 | 第2部 インクルーシブ教育に向かう実践事例

(1) 第1段階

　生徒が入学後の1か月の間に，担任の教師が以下の項目に困難を示す生徒がいるかどうかを観察し，また場合によってはその生徒に対して必要と思われる検査を実施します。

1. 学習能力（読み書き能力，数量的思考能力）
2. 注意力，集中力
3. 話し言葉および言語能力（発音，表現力，理解力）
4. 知覚（視力，聴力，運動能力）
5. 行動特性（社会性，感情）

　担任の教師は，観察および検査の結果をまとめて特別支援教育チームに送るための報告書を作成し，まずは保護者に開示します。その上でその報告書は特別支援教育のチームに手渡されます。

(2) 第2段階

　報告書を手渡された特別支援教育チームは，即座に少なくとも1回は教室を訪問して，該当の生徒の授業の様子を観察します。その上で，さらなる検査として，個別で必要とされる一般的な検査を実施します。

　検査の種類としては，語学的な検査（読む，書く，聞く，話す），運動能力検査，その他，必要と思われる一般的に流通しているさまざまな検査を選択して実施します。

　次に，生徒の潜在的な能力を最大限に活かすのに必要な具体的なサポートを決定するために，生徒は専門家（心理学者，言語療法士，作業療法士等）による検査を行います。自閉症，集中力障害，難読症（失読症）などは明確な診断を下す許可をもつ心理学者による検査となります。また的確なサポートを一刻も早く始めることが望ましいため，決定まであまり時間をかけずに進められるように，これらの専門家との連絡や面談日時の設定等のコーディネーション，情報の一括管理をすることもチームの仕事です。関わるすべての人たちとの共同作業を潤滑に進めた上で個々のサポートの詳細が決定されます。

　また学校でのサポートのみならず，家庭内でのサポートも重要なことから，家庭内で何をどうするべきなのかの助言のため，心理学者と保護者の面談も学校を通じて設定されます。他にも，担任の教師にも同じように，教室内での日常のサポートの観点への助言のため，心理学者との面談をチームが設定します。当然ながら，生徒との面談の設定や，それらすべての結果，専門家が必要と判断し実施されたすべての検査の結果を含む報告書は，保護者に対して心理学者から公開されます。一方，報告書には生徒の家族，家庭等の機密にあたる個人情報等も含んでいる可能性もあることから，保護者が学校側にどの情報を公開するかを選択した上で，その情報はチームに手渡されます。学校は把

第 7 章　インクルーシブ教育に向けた学校のシステム―実践を通して―　141

握したすべての情報を個別にデータ化し，その生徒の指導にあたるすべての教員，職員，スクールカウンセラーなど，その情報を知るべき人材がアクセスできるような環境を整えます。

（3）第 3 段階

　生徒のもちうる潜在能力を最大限に引き出すために，どういった教育環境をどの程度の頻度でどんな方法で提供するべきか，特別支援教育チームが核となり，担任の教員，保護者とも相談をしながら決定していきます。またこれらのレベルの変更や実施の頻度などは毎学期ごとに見直され，次学期は再度新たに決定されます。

レベル 1

　教室内での学習時におけるサポートとして，個別の配慮を的確に実施します。例えば下記のような配慮が行われます。

1. 当該生徒の席を最前列にする
2. バランスボールや大きなビーンバックを椅子代わりに使用したり，立ったまま学習できる机を使用する等，生徒個人のニーズにあった家具や用具を用意する
3. チェックリスト，グラフ，単語チャートなどの手法で，情報を見える化する
4. 指示は繰り返し伝え，理解できたかを必ず確認する
5. タスクを 1 度にできる長さに細分化し，それぞれ終えなくてはいけない時間を短く設定し，タイマーを使用して管理する

レベル 2

　1. に加えて，教室内に個別の補助教員がつき，「読む」「特別活動」「聞く」「書く」などを必要に応じて補助します。また学習の遅れがでている科目にも補助教員がつき，理解できるようにします。

レベル 3

　1. 2. に加えて，他の生徒が毎日 1 時間ある第 2 外国語の授業を受講している間に，別室で特別支援教育の教員が引き出し授業を個別もしくは極めて少人数で行います。

レベル 4

　1 日中，生徒のすべての活動において単独で個別の補助教員がつき，すべての補助をします。平成 29-30（2017-18）年度に，このレベルにあたる生徒は全校で 2 人です。

現場レポート40　K さんのケース

　K さんは小学 4 年生の時に転校してきた英語が母国語の生徒です。新年度が始まると

142 第2部　インクルーシブ教育に向かう実践事例

すぐに担任の教員は，賢く語彙も知識も豊富な生徒であるにもかかわらず，読み書きが
4年生のレベルにないことに気がつきました。

　そこで読み書きの検査テストをしてみた結果を特別支援教育のチームに報告すると決定
し，保護者にその旨の連絡をしました。下記が保護者承諾のもとでチームが担任の教員か
ら受け取った報告書です。

　　　Kさんの読む力は，ファンタスピンネルレベルN（Fountas and Pinnell Level
　　N）の検査によると年齢相当より下回っているという結果が出ました。同級生たち
　　に読む力が周りより遅れていることを悟られたくないために，本人は教室の中では
　　それを隠そうとしています。書く力については，少人数の授業であれば年齢相当の
　　レベルに何とかついていくことができます。算数に対しても困難を示しております
　　が，どうやらそれらは基礎的な事実を記憶することと単語を理解することが困難な
　　ことが原因であるように思えます。

　特別支援教育のチームはその報告書を受け取り，即座にKさんのクラスに出向き，観察
しました。その上で，難読症の検査の実施が望ましいと判断し実施しました。その結果は
保護者と担任の教員に以下の報告書の形で渡されました。

　　　Kさんの語彙力と人物の描写の検査は，年齢相当もしくはそれ以上との結果がで
　　ました。しかしスペルと読む力は，年齢より低い結果が出ました。視覚的記憶力と
　　識別能力の検査は年齢相当であり問題はありませんでした。聴覚による記憶につい
　　ては，発音の順番を記憶する点に問題があり，それが原因でスペリングができない
　　のではないかと推測されます。文字の配列や頻繁に使われる単語を記憶しておくこ
　　とにも困難を示します。これらを総合して考察すると難読症（失読症）の疑いがあ
　　ると思われます。専門家による確かな検査を受け，その結果を受けてどのようなサ
　　ポートが必要なのかを明確にするべきと考えます。

　この報告書を受け取った保護者は，学校から推薦された心理学者の元で保護者および生
徒の面談と検査を実行することに同意しました。そしてその結果，学期の終わりには難読
症（失読症）である旨の診断が正式に下されました。その報告を受けてチームはすぐにど
んなサポートが必要なのかの分析を始め，関わる教員全員に共有されるIEPが作成されま
した。その後すぐに特別支援教員によって少人数編成で行われる，読む力，スペル，書く
力の，毎日の引き出し補習授業が始まりました。またすべての関わる教員には次のような

第7章　インクルーシブ教育に向けた学校のシステム―実践を通して―　143

指示が出されました。

1. 試験の際には，問題を読み上げる人を配置すること
2. 記述が必要な試験では，試験時間を長くするように配慮した上，スペルの間違いは減点しないこと
3. 算数の試験は別室にて受け，自分の考えを声に出して言ってもよいとすること
4. 記述の代わりに視覚で表現する方法を選択することができるよう配慮し，一番合った方法を提示して，指導すること（例えば，グラフ，マインドマップ等）
5. 知っていることを表現する際に，記述式以外の方法（例えば，映像記録，発表による表現等）の機会を与えること
6. 毎日15分から20分，補助教員などの助けを借りて大きな声をだして音読の練習をすること

　Kさんは6年生になった今，読む力も書く力も年齢相当になりました。iPadやパソコンに，スピーチレコグニションサウンドライターなどの，話し言葉を書き言葉に変換するアプリをダウンロードして日常的に使用しています。補助教員からのサポートもあり，本人は自分の能力に自信を取り戻しています。来年度の終わりには，再度，心理学者の正式な検査を受ける予定です。その結果から，来年度以降の新たなサポートの形が決定されます。

3　最後に

　東京インターナショナルスクールはインクルージョン教育を実施するという環境下で，学校生活のすべての活動においてさまざまな学びの方法の必要性があることを認識し，そしてそれらを提供していくことに最大限の努力をしています。生徒はそれぞれ異なる力，到達目標，モチベーションと興味をもっていることを私たちは理解しており，それぞれの生徒にとって前向きな環境をつくりだし，本人にとって到達可能なゴールを設定し，本人に一番ふさわしい学びの手法を提供していきます。それらのすべてが細かく設計され実施されることにより，各々の生徒は最善の方法で学ぶことができるのです。

　国際バカロレアはインクルージョンについてこういっています。

　　インクルージョンは共生，相互の尊重，学校全体が課題を解決すると言う文化の元でなしえるものである。（International Baccalaureate, 2016）

文　献

第 1 部

●第 1 章

CAST（2011）. *Universal design for learning guidelines version 2.0*. Wakefield, MA: Author.　バーンズ亀山静子・金子晴恵（訳）（2011）　学びのユニバーサルデザイン・ガイドライン ver.2.0.　http://www.udlcenter.org/sites/udlcenter.org/files/UDL_Guidelines_JAN2011_Japanese.pdf（2019.1.10 閲覧）

藤田和弘（2019）.　「継次処理」と「同時処理」学び方の 2 つのタイプ　図書文化　p.59

中邑賢龍（2007）.　発達障害の子どもの「ユニークさ」を伸ばすテクノロジー　中央法規出版

●第 2 章

International Commission on Education for the Twenty-first Century（1996）. *Learning*: *The treasure within*: *Report to UNESCO of the international commission on education for the twenty-first century*.　天城　勲（監訳）（1997）.　学習：秘められた宝—ユネスコ「21 世紀教育国際委員会」報告書—　ぎょうせい

岡田　智（2012）.　特別支援教育をサポートする　図解よくわかるソーシャルスキルトレーニング（SST）実例集　ナツメ社

WHO（World Health Organization）（Eds.）（1994）. *Life skills education in school*.　川畑徹朗・高石昌弘・西岡伸紀・石川哲也・JKYB 研究会（訳）（1997）.　ライフスキル教育プログラム　大修館書店

●第 3 章

安藤正紀（2017）.　インクルーシブ教育が目指すもの　ぎょうせい（編）新教育課程ライブラリ II Vol.7　すべての子どもを生かす特別支援教育　ぎょうせい

授業のユニバーサルデザイン研究会・桂　聖・石塚謙二（編）（2012）.　教科教育に特別支援教育の視点を取り入れる　授業のユニバーサルデザイン Vol.6　東洋館出版社

神奈川県立総合教育センター（2008）.　「問題解決能力」育成のためのガイドブック

溝上慎一（2014）.　アクティブラーニングの学術的説明　京都大学高等教育研究開発推進センター

●第 4 章

石隈利紀・田村節子（2003）.　石隈・田村式援助シートによるチーム援助入門—学校心理学・実践編—　明治図書

146 | 文献

第2部

●第5章

実践事例5-2

赤木かん子（2012）．先生のための百科事典ノート　この一冊で授業が変わる！　ポプラ社

赤木かん子・塩谷京子（2007）．しらべる力を育てる授業！　ポプラ社

秋山　仁・かこさとし・阪上順夫・西本鶏介（監修）（2011）．ポプラディア：総合百科事典　全12巻　ポプラ社

Hattie, J. A.（2008）．*Visible learning: A synthesis of over 800 meta-analyses relating to achievement.* Routledge. 山森光陽（監訳）（2018）．教育の効果　メタ分析による学力に影響を与える要因の効果の可視化　図書文化社　p.237.

文部科学省（2008）．小学校学習指導要領

文部科学省（2010）．教育の情報化に関する手引

文部科学省（2011）．教育の情報化ビジョン―21世紀にふさわしい学びと学校の創造を目指して―

文部科学省（2014）．「ICTを活用した教育の推進に関する懇談会」報告書（中間まとめ）

文部科学省（2014）．児童生徒の健康に留意してICTを活用するためのガイドブック

文部科学省（2015）．情報活用能力調査（小・中学校）調査結果（概要版）

文部科学省（2017）．学校におけるICT環境整備の在り方に関する有識者会議　最終まとめ

文部科学省（2017）．学校におけるICT環境整備の在り方に関する有識者会議　最終まとめ　別紙「次期学習指導要領で求められる資質・能力等とICTの活用について」

文部科学省（2017）．小学校学習指導要領

日本学校保健会（2016）．学校における色覚に関する資料

高橋佑磨・片山なつ（2016）．伝わるデザインの基本　増補改訂版　よい資料を作るためのレイアウトのルール　技術評論社

実践事例5-3

安藤壽子（2016）．小学校低学年における読み書き困難児のスクリーニング―ディスレクシア簡易スクリーニング検査（ELC）を用いて―　お茶の水女子大学人文科学研究，**12**，117-130.

安藤壽子（2018）．発達障害の基本的知識　特定非営利活動法人エッジ編　学習支援員のためのガイドブック　特別支援教育実践テキスト第3版　pp.15-38.

安藤壽子・太田昌孝（2002）．通常の学級における読み困難児の実態について　東京学芸大学学校教育学研究論集，**6**，73-79.

青木久美子（2005）．学習スタイルの概念と理論―欧米の研究から学ぶ―　メディア教育研究，**2**（1），197-212.

APA（American Psychiatric Association）（2013）．*Diagnostic and statistical manual of mental disorders DSM-5.* Washington DC: American Psychiatric Publishing. 高橋三郎・大野裕（監訳）（2014）．DSM-5 精神疾患の診断・統計マニュアル　医学書院

CAST（2011）．*Universal design for learning guidelines version 2.0.* Wakefield, MA: Author. バーンズ亀山静子・金子春恵（訳）（2011）．学びのユニバーサルデザイン・ガイドライン ver.2.0.

文　献　147

http://www.udlcenter.org/sites/udlcenter.org/files/UDL_Guidelines_JAN2011_Japanese.pdf
（2019.1.10 閲覧）

大六一志（2012）．心理検査法 I　一般財団法人特別支援教育士資格認定協会編　特別支援教育の理論と実践第 2 版 I　pp.95-134.

DAISY（2018）. Digital Accessible Information System.

http://www.dinf.ne.jp/doc/daisy/about/index.html（2019.1.10 閲覧）

加藤醇子・安藤壽子・原　惠子・縄手雅彦（2016）．読み書き困難児のための音読・音韻処理能力簡易スクリーニング検査　ELC：Easy Literacy Check.　図書文化社

北尾倫彦（1995）．岡本夏木（監修）　発達心理学辞典　ミネルヴァ書房　p.96.

文部科学省（2004）．小・中学校における LD（学習障害），ADHD（注意欠陥／多動性障害），高機能自閉症の児童生徒への教育支援体制の整備のためのガイドライン（試案）

http://www.mext.go.jp/a_menu/shotou/tokubetu/material/1298152.htm（2019.1.10 閲覧）

文部科学省（2008）．特別支援教育の推進に関する調査研究協力者会議　配付資料　「通常の学級に在籍する特別な教育的支援を必要とする児童生徒に関する全国実態調査」調査結果

http://www.mext.go.jp/b_menu/shingi/chousa/shotou/054/shiryo/attach/1361231.htm（2019.1.10 閲覧）

文部科学省（2012）．通常の学級に在籍する発達障害の可能性のある特別な教育的支援を必要とする児童生徒に関する調査結果について

http://www.mext.go.jp/a_menu/shotou/tokubetu/material/__icsFiles/afieldfile/2012/12/10/1328729_01.pdf（2019.1.10 閲覧）

文部科学省（2017）．小学校学習指導要領

日本精神神経学会（2014）．DSM-5 精神疾患の診断・統計マニュアル　医学書院

Shaywitz, S.（2003）. *Overcoming dyslexia: A new and complete science-based program for reading problems at any level.* New York, Alfred knopf.　藤田あきよ（訳）（2006）．読み書き障害（ディスレクシア）のすべて　PHP 研究所

Siegler, R. S.（1986）. *Children's thinking.* Prentice-Hall Inc.　無藤　隆・日笠摩子（訳）（1992）．子どもの思考　誠信書房

実践事例 5-4

岡本真彦（2008）．数学的問題解決におけるメタ認知　三宮真知子（編）メタ認知　北大路書房　pp.111-129.

Polya, G.（1945）. *How to solve it.* Princeton University Press.　柿内賢信（訳）（1954）．いかにして問題を解くか　丸善

下村　治（2015）．数学授業のユニバーサルデザイン　明治図書

実践事例 5-5

中央教育審議会（2016）．幼稚園，小学校，中学校，高等学校及び特別支援学校の学習指導要領等の改善及び必要な方策等について（答申）

http://www.mext.go.jp/b_menu/shingi/chukyo/chukyo0/toushin/__icsFiles/afieldfile/2017/01/10/1380902_0.pdf（2018.3.19 閲覧）

148 　文　献

国立特別支援教育総合研究所　多層指導モデル MIM
　　http://forum.nise.go.jp/mim/（2018.4.14 閲覧）
文部科学省（2016）．教育の情報化加速プラン　教育の情報化加速プラン～ ICT を活用した「次世代
　　の学校・地域」創生
　　http://www.mext.go.jp/b_menu/houdou/28/07/__icsFiles/afieldfile/2016/07/29/1375100_02_1.
　　pdf（2018.3.19 閲覧）
文部科学省（2016）．2020 年代に向けた教育の情報化に関する懇談会最終まとめ
　　http://www.mext.go.jp/b_menu/houdou/28/07/__icsFiles/afieldfile/2016/07/29/1375100_01_1_
　　1.pdf（2018.3.19 閲覧）
文部科学省（2017）．小学校学習指導要領解説（国語編）

●第 6 章

実践事例 6-1

井上一郎・永池啓子（編著）（2014）．子どもを「やる気モード」に変える　学力がグーンとアップ
　　する！自学力育成プログラム　明治図書

実践事例 6-4

中澤惠江（国立特別支援教育総合研究所）（2011）．アメリカの IDEA（障害のある個人教育法）に
　　規定されている合理的配慮―日々の教育場面と，州・地区標準テストでの合理的配慮―　特別支
　　援教育の在り方に関する特別委員会　合理的配慮等環境整備検討ワーキンググループ（第 5 回）
　　配付資料
　　http://www.mext.go.jp/b_menu/shingi/chukyo/chukyo3/046/siryo/attach/1312493.htm
　　（2019.8.1 閲覧）
内閣府（2013）．障害を理由とする差別の解消の推進に関する法律
　　http://www8.cao.go.jp/shougai/suishin/law_h25-65.html（2019.8.1 閲覧）

●第 7 章

実践事例 7-1

文部科学省（2018）．平成 29 年度特別支援教育体制整備状況調査結果について
　　http://www.mext.go.jp/a_menu/shotou/tokubetu/__icsFiles/afieldfile/2018/06/25/1402845_02.
　　pdf（2019.8.1 閲覧）

実践事例 7-2

国立特別支援教育総合研究所（2018）．特別支援教育研究論文集―平成 29 年度―　（公財）みずほ教
　　育福祉財団特別支援教育研究助成事業

実践事例 7-4

International Baccalaureate (2016). *Learning diversity and inclusion in IB programmes, International Baccalaureate Organization.* Geneva, Switzerland.

あとがき：グローバル化からの問題意識

「グローバル化」がさわがれています。「グローバル化」とは何を意味するのでしょうか。外国で活躍し，貢献することがグローバル化なのでしょうか。英語を話すことができれば，グローバル人材なのでしょうか。それとも，ICT技術の進歩により，瞬時に世界がつながってしまうことがグローバル化なのでしょうか。おそらく，これらすべてのことを含んでいる，誰にも正確にはわからない世界の変化なのかもしれません。

米国国家情報会議（2012年）＊は，2030年の世界について，次のように分析しています。

> 2030年は今とはまったく違う世界になっています。
>
> アメリカは2年後，中国も12年後にはピークを過ぎる。すさまじい大変化がおこるだろう。1995年に国家としての繁栄期を終えた日本は「世界一の高齢者大国」として，経済は縮小の一途をたどることになります。
>
> つまり，日本は国家としてのグランドデザインを大きく変える必要があります。

子どもたちが将来，より良い暮らしを送ることができるために，その未来社会を生き抜くことができるために必要な能力を想定し，子どもたちに身につけさせるために，私たち（学校と教師）は未来の社会について，マクロとミクロの視点で，もっと真剣に考える必要があるのではないでしょうか。

この世界の大きな変化には，「労働（仕事の内容・方法・ツール）」「言語」「共存（多様性）」「生涯学習（学び方・最新を学び続ける）」「情報化の加速度」の問題が大きく横たわっているようです。

この変化を出発点として，教育全体のグランドデザインや障害のある子どもたちの支援を再構築する必要があるのではないでしょうか。「特別支援教育」と「通常の教育」という問題ではなく，「特別支援教育」を包含した「教育の新たなグランドデザイン」が求められていると考えます。

学校とわれわれ教師は，グローバル化によって求められる人間像と，現場の一つひとつの教育活動をつなげる役割を担っています。社会の変化に対する行政の

あとがき：グローバル化からの問題意識 | 151

対応と並行して，一人ひとりの教師が自立的につなげていかなければならない状況です。なぜなら，変化のスピードは想像を超えた速さだからです。

　そのときに，本書がグローバル化と現場の教育活動をつなげ，「特別支援教育」と「通常の教育」の一体化を推進する一助となれば幸いです。

　2019 年 11 月

編者　安藤正紀

＊米国国家情報会議（編）谷町真珠（訳）　2030 年世界はこう変わる―アメリカ情報機関が分析した「17 年後の未来」― 講談社　2013 年より

執筆者一覧 （執筆順）

安藤正紀（編者）
（編者） ……はしがき，第1〜3章，第4章1〜4節，
第2部各章リード，実践事例6-4

髙間佳奈枝
（海老名市教育部教育支援課） ……第4章5節

保科　泉
（横浜市教育委員会南部授業改善支援センター） ……実践事例5-1

溝口広久
（玉川学園小学部） ……実践事例5-2

安藤壽子
（お茶の水女子大学学校教育研究部） ……実践事例5-3

下村　治
（横浜市立洋光台第一中学校） ……実践事例5-4

中澤由紀
（神奈川県立津久井養護学校） ……実践事例5-5

永池啓子
（横浜国立大学教育学部） ……実践事例6-1

佐藤敎道
（神奈川県立田奈高等学校） ……実践事例6-2

荒井佑輔
（神奈川県立えびな支援学校） ……実践事例6-3

西山誠一郎
（神奈川県大和市立中央林間小学校） ……実践事例7-1

冢田三枝子
（横浜市立仏向小学校） ……実践事例7-2

須藤郁子
（神奈川県清川村立宮ヶ瀬中学校） ……実践事例7-3

坪谷　ニュウェル　郁子
（東京インターナショナルスクール） ……実践事例7-4

リサ・マンツ
（東京インターナショナルスクール） ……実践事例7-4

＊所属などは執筆当時のものである。

編者紹介

安藤正紀（あんどう・まさき）

　横浜国立大学教育学部養護科卒業。横浜市立聾学校1年間，横浜国立大学教育学部附属養護学校14年間勤務。その途中で，横浜国立大学大学院教育学研究科において障害児教育を専攻し修了。その後，神奈川県立第二教育センターで研修指導主事として4年間，神奈川県教育委員会で指導主事として7年間勤務し「神奈川の支援教育」の推進を担当した。その後，海老名市立中新田小学校教頭2年間，神奈川県立相模原養護学校副校長2年間，同校校長2年間勤務。ムーブメント教育・療法協会の常任専門指導員として研究・普及に務めている。

　現在，玉川大学大学院教育学研究科・教職専門職学位課程（教職大学院）教授

主著・論文

ユニバーサルデザインを生かす指導と支援（分担執筆）　リーダーズ・ライブラリ11　インクルーシブ教育とユニバーサルデザイン　ぎょうせい　2019年

特別支援教育と生徒指導（分担執筆）　生徒・進路指導の理論と方法　玉川大学出版部　2019年

インクルーシブ教育システムとしての通級指導教室のあり方と今後の課題（分担執筆）　リーダーズ・ライブラリ4　スクールリーダーのあり方・生き方　ぎょうせい　2018年

教育実践と特別支援教育（分担執筆）　教育実践学　大学教育出版　2017年

インクルーシブ教育が目指すもの（分担執筆）　新教育課程ライブラリⅡ7　すべての子どもを生かす特別支援教育　ぎょうせい　2017年

MEPA-R活用事例集―保育・療育・特別支援教育に生かすムーブメント教育・療法―（編著）　日本文化科学社　2017年

特別支援教育制度（分担執筆）　学校教育制度概論（第二版）　玉川大学出版部　2017年

オーストラリア（ニューサウスウェルズ州）における乳幼児の支援と特別支援教育の現状　児童研究．**96**．33-42．2017年

親子バトル解決ハンドブック―発達障害の子と奮闘するママ＆パパのトークサロン―（編著）　図書文化　2014年

英国における障害のある子どもの教育事情　児童研究．**93**．41-45．2014年

グローバル化とインクルーシブ教育
通常学級に在籍する発達障害児にも対応した学校・学級経営

2019年12月10日　初版第1刷印刷	定価はカバーに表示
2019年12月20日　初版第1刷発行	してあります。

編　著　者　　安　藤　正　紀
発　行　所　　㈱北大路書房
〒603-8303　京都市北区柴野十二坊町128
電　話　（075）431-0361㈹
ＦＡＸ　（075）431-9393
振　替　01050-4-2088

ⓒ2019　　　　　　　　印刷・製本／亜細亜印刷㈱
検印省略　落丁・乱丁本はお取り替えします。
ISBN978-4-7628-3093-8　　　Printed in Japam

・ JCOPY 〈㈳出版者著作権管理機構 委託出版物〉
本書の無断複写は著作権法上での例外を除き禁じられています。
複写される場合は，そのつど事前に，㈳出版者著作権管理機構
（電話 03-5244-5088,FAX 03-5244-5089,e-mail: info@jcopy.or.jp）
の許諾を得てください。